Jens Kersten/Stephan Rixen

Der Verfassungsstaat in der Corona-Krise

Der Verfassungsstaat in der Corona-Krise

von

Jens Kersten

und

Stephan Rixen

2020

www.beck.de

ISBN 978 3 406 76012 9

© 2020 Verlag C.H.Beck oHG
Wilhelmstraße 9, 80801 München
Druck: Friedrich Pustet GmbH & Co. KG, Gutenbergstraße 8,
93051 Regensburg
Satz: Fotosatz H. Buck, Zweikirchener Straße 7, 84036 Kumhausen
Umschlaggestaltung: Martina Busch, Grafikdesign
Fotos: © Jens Kersten; © Stephan Rixen

chbeck.de/nachhaltig

Gedruckt auf säurefreiem, alterungsbeständigem Papier
(hergestellt aus chlorfrei gebleichtem Zellstoff)

Vorwort

Die Corona-Pandemie bedroht weltweit die Gesundheit und das Leben von Menschen. Über eine Viertelmillion sind bereits an COVID-19 gestorben. Um die medizinische Versorgung sicherzustellen, ist das öffentliche Leben in Deutschland radikal eingeschränkt worden. Als Folge der massiven Grundrechtseingriffe droht eine wirtschaftliche Rezession. Die Bundeskanzlerin hat die Pandemie als eine „demokratische Zumutung" bezeichnet. Doch der liberale Verfassungsstaat bewährt sich in der Corona-Krise. Wir erleben keinen Ausnahmezustand, sondern einen „arbeitenden Staat" (Lorenz von Stein), der auch in der Pandemie einen demokratischen und rechtsstaatlichen Ausgleich zwischen grundrechtlicher Freiheit, Sicherheit und Solidarität sucht. Zugleich müssen wir lernen, wie Politik, Parlament und Regierung unter den Bedingungen der Corona-Krise funktionieren, um gegebenenfalls auch auf längere Zeit demokratisch mit der Pandemie leben zu können und unserer europäischen und internationalen Verantwortung gerecht zu werden. Die Corona-Krise führt uns die Sozialstaatsbedürftigkeit unserer liberalen Gesellschaft vor Augen. Das Bewusstsein für den Wert sozialer Infrastrukturen und öffentlicher Güter nimmt ebenso zu wie die Erkenntnis, dass der soziale Zusammenhalt neu gestaltet werden muss. Wir schaffen das – im Rahmen der grundrechtlichen und demokratischen Ordnung des Grundgesetzes und der Europäischen Union. Der Verfassungsstaat bewährt sich auch in der Corona-Krise.

Ganz herzlich danken wir Silke Meiners für den interdisziplinären Einblick in die medizinischen Dimensionen von COVID-19 und ihrer pandemischen Folgen. Darüber hinaus bedanken wir uns bei Lea Bosch, Justus Dill, Sandra Fritsch-Drlje, Luisa Griesbaum, Jessica Menzel, Laura Münkler,

Christian Rink, Eva Schweiger und Julia Wagner für wertvollen Rat, kritische Lektüre und tatkräftige Unterstützung.

München/Bayreuth, im Mai 2020   Jens Kersten
Stephan Rixen

Inhaltverzeichnis

Vorwort 5

I. Einleitung 9

II. Der Weg in die Krise 17
   1. SARS-CoV-2 und COVID-19 17
   2. Pandemie und Staat 20
   3. Social Distancing oder Physical Distancing? 22

III. Krisenmodus 27
   1. Ausnahmezustand? 27
   2. Notstandsverfassung 33
   3. Die infektionsschutzrechtliche Generalklausel 36

IV. Grundrechte 45
   1. Verhältnismäßigkeit 45
   2. Pandemiemaßnahmen 52
   3. Suspendierung von Grundrechten? 58

V. Sozialstaat 67
   1. Gesundheitsrisiken und Infrastrukturen 67
   2. Triage 73
   3. Impfpflicht und Immunitätsnachweis 83

VI. Parlament 95
   1. Wahlkampf und Wahlen 95
   2. Notausschuss oder virtuelles Parlament? 100
   3. Opposition 106

VII. Regierung und Verwaltung 111
   1. Föderalismus 113
   2. Durchregieren? 121
   3. Gerichtliche Kontrolle 128

VIII. **Europäische Union** 135
    1. Akteurin in der sanitären Krise 135
    2. Ökonomische Folgen 138
    3. Internationale Verantwortung 140

IX. **Wege aus der Krise** 143

Anmerkungen 151

Literaturverzeichnis 169

Zu den Autoren 181

I. Einleitung

Wie bewältigt der Verfassungsstaat die Corona-Krise? Kann er sein freiheitliches, soziales, rechtsstaatliches und demokratisches Verfassungsversprechen in der Pandemie halten? Diese Frage stellen sich seit Mitte März 2020, als freiheitsbeschränkende Maßnahmen zur Bekämpfung der COVID-19-Pandemie ergriffen wurden, die über Wochen zu immer drastischeren Grundrechtseingriffen führten. Seit Anfang Mai 2020 wird über die richtige „Exit"-Strategie gestritten, eine Kontroverse, die wesentlich um das Ausmaß der „Lockerungen" kreist, ein Begriff aus dem Strafvollzugsrecht, der die punktuelle Aufhebung des behördlichen Gewahrsams umschreibt (§ 11 StVollzG, Art. 13 BayStVollzG). Da die Lockerungen jederzeit ausgebaut oder rückgängig gemacht werden können, ist ein gesellschaftlicher Schwebezustand zwischen reduzierter Freiheit und gedrosselter Unfreiheit, zwischen manifester Beschränkung und latentem Freiheitsverlust entstanden. Im kollektiven Bewusstsein sind eine zweite und dritte Pandemiewelle als reale Möglichkeit präsent. SARS-CoV-2 und COVID-19 konnten kaum buchstabiert werden, da stand der Alarmismus schon ganz weit vorne auf der politischen und vor allem der staatsrechtlichen Agenda. Je länger die Krise andauerte, umso mehr breitete sich die These aus, die Freiheitsbeschränkungen seien eine etatistische Verirrung sondergleichen. Neben dem Vorwurf, mehr oder weniger jeder Grundrechtseingriff sei unverhältnismäßig, gesellten sich Einschätzungen, die die Legitimität der Maßnahmen viel grundsätzlicher in Frage stellten. Die Corona-Krise führe – so hieß es und heißt es – in einen totalitären Ausnahmezustand,[1] der ein quasi-apokalyptischer[2]

Vorschein des Abschieds von der verfassungsstaatlichen Demokratie sei.

Nun, die Krise dauert an, und wir leben immer noch in einer Demokratie, nicht in einer von Virologen geführten „Virolokratie". Kein politisch Verantwortlicher – nicht Markus Söder, nicht Armin Laschet, nicht Angela Merkel – will mit Notverordnungen das Grundgesetz oder eine Landesverfassung aus den Angeln heben. Nirgendwo, weder auf Bundes- noch auf Landesebene, recyceln furchtbare Juristen das Ermächtigungsgesetz von 1933.[3] Die Verfassungsrechtswissenschaft ist auch nicht als intellektuelles Gesundheitsamt gefragt. Denn der Rechtsstaat ist nicht „schwer beschmutzt", und es ist auch nicht so, dass die „rechtsstaatliche Hygiene [...] dringend wieder hergestellt werden [muss]", weil „sonst [...] hier das größte Infektionsrisiko [droht]."[4] Eine Bemerkung übrigens, die COVID-19-Infizierte, wenn sie nicht andere Sorgen hätten, auf die Idee bringen könnte, der akademische Betrieb sei in einer Parallelwelt sich selbst genügender Metaphernverliebtheit gefangen, in der nicht konkrete Menschen, sondern abstrakte Ideen gerettet werden müssen.

Schräge historische Analogien, die Lust an Untergangsphantasien und eine entsicherte Verdachtshermeneutik haben ihren Preis. Sie nehmen in Kauf, dass der Verfassungsstaat des Grundgesetzes in der Krise und über sie hinaus delegitimiert wird. Wer öffentlich denkt, erst recht, wer öffentlich in der Krise denkt, weiß, dass er oder sie „eingreifendes Denken"[5] praktiziert, also eine Kritik, die folgenreich sein will, indem sie die „große Macht"[6] der öffentlichen Meinung aktiviert. Der Grundirrtum dieser alarmistischen Kritik, für die nur das Denken in dramatisierenden Überspitzungen als Denken gilt, ist ihr reduziertes Bild des Verfassungsstaats. Ihn – so ließe sich die Kritik auf den Punkt bringen – als entfesselten biopolitischen Leviathan zu imaginieren, verdeutlicht, wie konsequent hier das Proprium des Verfassungsstaats verfehlt wird.

I. Einleitung

Das Grundgesetz konstituiert einen Verfassungsstaat, für den die Würde des Menschen in seiner Pluralität (Art. 1 Abs. 1 GG) Grund und Grenze politischer Herrschaft ist.[7] Das ist nicht peinliche Humanitätsduselei, sondern ein anthropologisch gehaltvolles Verfassungsversprechen. Gemeint ist die Würde aller Menschen, und zwar die Würde von wirklichen Menschen mit wirklichen Problemen: Menschen mit ihrer Freude und Hoffnung, ihrer Trauer und Todesangst, ihren Alltagssorgen und Lebensbedrängnissen, ihrem kleinen privaten Glück, allem Scheitern und Gelingen, dem Wunsch, Spuren zu hinterlassen, und der von Hannah Arendt beschriebenen Sehnsucht, gehört und gesehen zu werden.[8] Das Versprechen der Würde – „archimedische[r] Punkt der Rechtsordnung"[9] – führt in deren politische Ausgestaltung eine „ethische Unruhe"[10] (Günter Dürig) ein. Sie gewährleistet die „ethische Imprägnierung"[11] (Jürgen Habermas) des nur scheinbar Banalen, das in der Perspektive des Würdeversprechens als basale Bedingung des Lebens eben dieser Menschen wahr- und ernstgenommen werden muss – von Verfassungsrechts wegen. Deshalb zählt zu den ideellen Implikaten der Menschenwürde-Garantie nicht ohne Grund der Satz „Der Staat ist um des Menschen willen da", der im ersten Entwurf des Grundgesetzes als Artikel 1 Absatz 1 firmierte.[12] Der Staat darf, ja muss, indem er Probleme löst, die aus dem menschlichen Zusammenleben auch in der Corona-Krise resultieren, um der Menschen willen da sein. Grundrechte wollen das nicht verhindern, denn Grundrechtsschutz und Staatsaufgabenerfüllung sind im Verfassungsstaat aufeinander verwiesen. Der Verfassungsstaat des Grundgesetzes ist keine selbstzufrieden um sich kreisende Grundrechtsschutzanstalt,[13] die jeder Freiheitsbeschränkung als vermeintlich erstem Schritt in den Abgrund der Diktatur entgegentreten müsste.

Was allzu leichtgängig als menschenrechtsfeindlicher Ausnahmezustandsstaat desavouiert wird, erleben jene, die –

etwa als Kleinunternehmer, Soloselbständige, free lancer im Kultur- und Medienbereich und auch als auf Kurzarbeit gesetzte Arbeitnehmer/innen – um ihre wirtschaftliche Existenz und vielleicht zugleich auf Intensivstationen um ihre vitale Existenz bangen, am eigenen Leib als handlungsfähigen Sozialstaat, dessen Wirksamkeitsvehikel das regulative, sozial absichernde Recht ist. Sie erfahren die „Staatsbedürftigkeit der Gesellschaft"[14], also die praktische Nützlichkeit des Verfassungsstaats, der „gutes Leben" nicht machen, aber vielfach ermöglichen kann. Der Verfassungsstaat des Grundgesetzes ist Freiheit, Sicherheit und Solidarität gleichermaßen verpflichtet. Er ist Leistungs- und Rechtsstaat zugleich, „sozialer Rechtsstaat" (Art. 28 Abs. 1 S. 1 GG) in einem.

Das macht Abwägungen unausweichlich. Abwägung – die verhältnismäßige Dosierung helfender und intervenierender Staatsgewalt – funktioniert auch in der Corona-Krise. Die vom utilitaristischen Folgenkalkül dominierte, aber durch die deontologische Letztsicherung der Menschenwürde-Garantie vor Beliebigkeit geschützte Abwägung ist der genuine Ort verfassungsstaatlicher Wahrheit. In der Feinregulierung von freiheitskonformer Nähe und gesundheitsschützender Distanz, in der, wenn nötig, „die physisch sozialen Kontakte zu anderen Menschen auf ein absolut nötiges Minimum"[15] reduziert werden, spiegelt sich der Zielkonflikt zwischen dem vorsorgenden Sozialstaat und dem freiheitsverpflichteten Rechtsstaat, der, weil er stetig beide Perspektiven neu zusammenführt, Verfassungsstaat ist. Zielkonflikte sind im Verfassungsstaat an der Tagesordnung und kein Grund, die Nerven zu verlieren.

Wo die Ziele, gesundheitliche Sicherheit herzustellen und die dadurch gefährdete ökonomisch-soziale Teilhabe zu stärken, freiheitsschonend ausbalanciert werden, verwirklicht sich der Verfassungsstaat in der Abwägung. Dabei ist Abwägung kein „Freifahrtschein" und keine Blankovollmacht. Der Verfassungsstaat folgt nicht der Maxime „Not kennt

I. Einleitung

kein Gebot". Vielmehr deutet sich in „What ever it takes" meistens ein Abwägungsausfall an. Auch deshalb ist der Satz „Not kennt kein Gebot" kein Satz des Grundgesetzes. Eine Notlage jenseits des Rechts – einen Ausnahmezustand in diesem Sinne – gibt es unter dem Grundgesetz nicht. Aber es gibt extreme Krisen, ja Not- und Notstandssituationen. Sie können – auf Zeit – zu schwierigen, aber differenzierten Abwägungen veranlassen. Die derzeitige Corona-Krise ist eine dieser Krisen. Krisen – also Lagen, die über das nach aller Erfahrung Übliche hinausgehen – sind Teil der Normalität moderner Gesellschaften. Allein die Existenz des Katastrophenschutzrechts zeigt, dass Unglücksfälle und eben auch Epidemien und Pandemien, die die üblichen Abläufe des Zusammenlebens massiv stören, zu den Normalitätsunterstellungen gehören, auf denen die gesamte Rechtsordnung aufbaut.[16] Daher gestattet Art. 1 Abs. 1 S. 3 BayIfSG[17] neben der Feststellung des Gesundheitsnotstands auch die Ausrufung des Katastrophenfalls. Die Krisenanfälligkeit moderner Gesellschaften ist ebenso normal wie ihre (auch in der Krise unvermeidliche) Abhängigkeit von wissenschaftlich-technischem Wissen und dem (gerichtlich kontrollierten) Primat der Exekutive bei der Krisenbewältigung. Das ändert nichts an den Belastungen, Härten, ja Zumutungen der Bewältigung der Corona-Krise. Es erinnert aber daran, dass „die moderne Gesellschaft selbst innerhalb der Krise nach ziemlich gewohnten Mustern funktioniert"[18] (Armin Nassehi).

Was bedeutet das für die Rolle der Verfassungsrechtswissenschaft in der Corona-Krise? In erster Linie, dass sie sich – als handlungsorientierte Deutungsdisziplin, die sie ist – nicht dem „Rausch des Ausnahmezustands"[19] überlassen darf. Das aber geschieht, wenn sie die imaginierte Gefahr der vorgeblichen Ausnahmelage stillschweigend zum Urmeter des eigenen Denkens macht, was zwangsläufig alle Deutungen verzerren muss. Das kann nur eine Verfassungsrechtswissenschaft vermeiden, die die normativen Bedingungen der

Krisennormalität reflektiert und sich hierbei einem entdramatisierenden Denkstil verpflichtet weiß. Deshalb ist und bleibt Odo Marquards Maxime richtig: „Vernünftig ist, wer den Ausnahmezustand vermeidet."[20] Auch den Ausnahmezustand in den Köpfen, der zu immer neuen Exerzitien juristischen Scharfsinns verführt, die von dem Gefühl leben, Recht zu haben, ohne dass irgendein Problem, das Menschen in einer vielschichtigen Lage existenzieller Bedrohung haben, damit gelöst wäre. Damit darf sich eine an der Lebenswelt von Menschen interessierte Verfassungsrechtswissenschaft nicht zufrieden geben. Im Gegenteil: Sie muss gegen die „quasipubertäre Neigung [...], die Wirklichkeit lediglich unter Prinzipien und Totalentwürfen zu begreifen" einen Problemzugriff positionieren, der in der Lage ist, „generelle Einsichten mit dem konkreten Einzelnen und mit den konkreten Entscheidungssituationen zu vermitteln und einzusehen, dass diese sich oft durch schwer reduzierbare Ambivalenzen auszeichnen und konsequenter Differenzierung bedürfen"[21] (Jürgen Kocka).

Geboten ist deshalb ein kritisches, aber faires Denken, das den Verfassungsstaat und sein Recht nicht als Gegensatz von Krisenbewältigung und Recht begreift. Es kommt darauf an, den Verfassungsstaat des Grundgesetzes und sein Recht *in der Krise* – als krisenregulierendes Recht, als Krisenverfassungsrecht – zu begreifen, als ein Recht, das die Krise, immer wieder neu abwägend (und korrigierend), zwischen den Polen von Freiheit, Sicherheit und Solidarität für möglichst alle zumutbar bewältigt. Auch mithilfe des juristischen Denkstils entdramatisierender Differenzierung kann der Verfassungsstaat in der Corona-Krise zum Vorbild für den Modus der Bewältigung künftiger Krisen werden, die der Corona-Krise mehr oder weniger ähnlich sind.

Die Corona-Krise ist eine der vielen Bewährungsproben des Verfassungsstaats. Er wird sie mit allen derzeit noch nicht vollständig absehbaren Folgen bestehen, wenn er effektiv,

I. Einleitung

solidarisch und grundrechtssensibel handelt. Worauf es hierbei – ideell und institutionell – ankommt, möchte dieser Essay verdeutlichen.

II. Der Weg in die Krise

1. SARS-CoV-2 und COVID-19

Das SARS-CoV-2-Virus hat die globale Pandemie COVID-19 (Corona virus disease 2019) ausgelöst. Es handelt sich um ein Corona-Virus, das eng mit den Erregern der tödlichen SARS-Epidemie (Severe Acute Respiratory Syndrome) und der MERS-Epidemie (Middle East Respiratory Syndrome) verwandt ist.[22] Das Virus enthält seine genetische Information in Form eines einzelsträngigen RNA-Moleküls. Es ist von einer fetthaltigen Schutzhülle umgeben, aus dem Spike-Proteine in Form eines Kranzes (corona) herausragen und ihm sein – auch für die Namensgebung – charakteristisches Aussehen geben. Wie jedes Virus ist auch SARS-CoV-2 für seine Vermehrung darauf angewiesen, eine (menschliche) Körperzelle zu infizieren, die ihm als Wirt dient. Bei einer Infektion dockt das Virus zunächst mit seinen Spike-Proteinen wie ein „Schlüssel" an ACE-2-Rezeptoren an, die sich auf der Oberfläche der Wirtszelle befinden und wie ein „Schloss" für den Eintritt des Virus in die Zelle fungieren.[23] Die so aktivierten Spike-Proteine lösen sodann die Verschmelzung der Virus-Schutzhülle mit der Membran der Wirtszelle aus. So gelangt das Virus in das Innere der Wirtszelle. Hier nutzt das Virus alle zellulären Prozesse, um sich zu vermehren und auf diese Weise neue Viruspartikel zu erzeugen. Sodann zerstört das Virus die Wirtszelle, sodass die vermehrten Viruspartikel im menschlichen Körper freigesetzt werden und neue Wirtszellen infizieren können. Auf diese Weise kommt es zu einer exponentiellen Vermehrung des Corona-Virus im gesamten Organismus. Das Immunsystem des Körpers erkennt den Virus als Bedrohung. Es reagiert mit erhöhter Temperatur und Fieber. Dadurch werden im besten Fall alle von SARS-CoV-2 infizierten Zellen innerhalb weniger Tage eliminiert. Doch sicher ist dies nicht, denn die Beziehung zwischen Virus und Wirt folgt dem Modus der Evolution von Mutation und Selektion auf Seiten des Virus versus immunologischer Anpassung und Reaktion auf Seiten des Wirts.

SARS-CoV-2 ist also ein sich evolutionär optimierendes Virus, das sich nach dem aktuellen Stand der Erkenntnisse von einer genetisch instabilen Fledermausart auf den Menschen übertragen und an dessen Organismus angepasst hat.[24] Es gibt keinerlei Hinweise darauf, dass das Virus mittels gentechnischer Verfahren künstlich im Labor erzeugt wurde.[25] In bisher beispielloser globaler Kooperation von Wissenschaftlerinnen und Wissenschaftlern wurden in den vergangenen Monaten die Strukturen einzelner Komponenten des SARS-CoV-2-Virus aufgeklärt,[26] die molekularen Details für die Bindung und Aktivierung des Virus untersucht[27] und Virustests entwickelt.[28] Im Gegensatz zu anderen Viren, wie beispielsweise dem Influenza-Virus, vermehrt sich SARS-CoV-2 bereits effektiv im Rachenraum:[29] So können die Viruspartikel sehr leicht durch Husten und Speicheltröpfchen freigesetzt werden. Dies hat in der Verbindung mit den im individuellen Einzelfall gegebenenfalls nur sehr leichten Symptomen einer Virusinfektion zu der sehr schnellen Ausbreitung des Corona-Virus beigetragen. Da das Corona-Virus eine Wirtszelle über das oben beschriebene Schlüssel-Schloss-Prinzip öffnet, scheint seine Ausbreitung im Menschen von dem Vorkommen des „Schlosses" – also des ACE-2-Rezeptors – in Zellen und Organen abzuhängen. Diese ACE-2-Rezeptoren finden sich vor allem in Lungen-, Herz- und Darmzellen, was zu den klinischen Symptomen wie Lungenentzündung, Herz-Kreislauf-Problemen und Darminfektionen passt.[30] Damit wird nach den aktuellen wissenschaftlichen Erkenntnissen im „Schloss" der Zellen –

1. SARS-CoV-2 und COVID-19

also den ACE-2-Rezeptoren – wiederum der Schlüssel für das medizinische Verständnis von COVID-19 gesehen: Es wird diskutiert, ob die sehr unterschiedlichen Schweregrade der Infektion und des Krankheitsverlaufs mit individuellen genetischen Unterschieden des ACE-2-Rezeptors zusammenhängen könnten[31] und das mengenmäßige Vorkommen von ACE-2-Rezeptoren durch Vorerkrankungen, aber auch durch bestimmte Medikationen oder Lebensstile (z. B. Rauchen) beeinflusst wird.[32] Darüber hinaus kann das Alter aufgrund von Vorerkrankungen oder der Schwächung des Immunsystems für den Infektions- und Krankheitsverlauf eine entscheidende Rolle spielen.[33] Auch bei Kindern kann es in Einzelfällen zu schweren Verläufen mit unklaren Entzündungssymptomen bis hin zum Tod kommen, deren Ursache derzeit noch unverstanden ist.[34] Unklar ist derzeit, wie lange nach einer überstandenen Infektion und Krankheit die Immunisierung individuell vorhält, sodass sich eine „Herdenimmunität" entwickeln kann.[35] Denn wie soeben dargestellt, verfügt SARS-CoV-2 über ein hohes evolutionäres Potenzial, um die Immunabwehr des menschlichen Körpers zu „überlisten" und sich immer wieder neu an das menschliche Immunsystem anzupassen. Dies zeigt sich auch darin, dass sich das SARS-CoV-2-Virus in den letzten Monaten genetisch deutlich verändert, also im evolutionären Modus von Mutation und Selektion weiterentwickelt hat.[36]

Dies bedeutet: Zum einen lässt sich derzeit nicht klar sagen, wer zu einer „Risikogruppe" gehört und in der weiteren evolutionären Entwicklung des Corona-Virus gehören wird. Zum anderen ist aufgrund des evolutionären Mutations- und Selektionsdrucks mit neuen Infektionswellen durch ein adaptiertes Virus im kommenden Herbst und Winter zu rechnen.[37] Dieses Phänomen ist zwar ebenfalls bei der Influenza bekannt: Das Influenza-Virus löst jedes Jahr mit neuen veränderten Virusstämmen eine globale Infektionswelle aus. Die alljährlich neu entwickelten Impfstoffe sind immer gegen die vorherrschenden Virusstämme des jeweiligen Vorjahres gerichtet und damit nur selektiv effektiv. Doch am tiefergehenden Verständnis der Immunantwort auf SARS-CoV-2 und an der Entwicklung von Therapien und Impfstoffen gegen SARS-CoV-2 wird derzeit erst gearbeitet.[38] Hierbei ist ein detailliertes Verständnis der Struktur des Virus, der zellulären ACE-2-Rezeptoren sowie der ausgelösten Immunreaktion für die Entwicklung zielgerichteter Therapie- und Impfansätze gegen COVID-19 zentral. Daneben wird auch das sog. Repurposing von Medikamenten, die bereits für die Behandlung anderer Erkrankungen zugelassen sind, in klinischen Studien getestet. Bis Mitte Mai 2020 wurden weltweit 1.572 klinische Studien registriert.[39] Ob und wann ein Impfstoff für SARS-CoV-2 zur Verfügung steht, ist gegenwärtig noch vollkommen offen. Bei realistischer Betrachtung ist aber jedenfalls nicht vor Jahresbeginn 2021 mit wissenschaftlich und klinisch relevanten Erfolgen zu rechnen.[40] Die Corona-Pandemie wird also noch länger andauern.

2. Pandemie und Staat

Das Corona-Virus breitete sich sehr schnell zu einer weltweiten Pandemie aus:[41] Erste Fälle einer SARS-CoV-2-Infektion wurden am 29. Dezember 2019 aus Kliniken in Wuhan gemeldet. Erste epidemiologische Untersuchungen wiesen eine Inkubationszeit von ca. 5 Tagen sowie eine Verdopplungszeit der Infektionen innerhalb von 7,4 Tagen nach. Am 11. März 2020 stufte die WHO COVID-19 als globale Pandemie ein. In Deutschland sind 174.355 Infektionen, 7.914 Todesfälle und 153.400 Genesungen[42] und weltweit 4.434.653 Infektionen und 302.169 Todesfälle bestätigt (Stand 17. Mai 2020).[43] Nach der pandemischen Ausbreitung von COVID-19 in Europa, von der insbesondere Italien und Spanien besonders betroffen waren, wurden die innereuropäischen Grenzen

2. Pandemie und Staat

zunehmend geschlossen und der Flugverkehr weitgehend eingestellt. Die Bundesrepublik reagierte ab Mitte März 2020 mit einer ganzen Fülle von Maßnahmen, die mit Blick auf die solidarische Hilfe für Menschen und Wirtschaft, aber zugleich auch mit Blick auf die Einschränkung von grundrechtlich gewährleisteten Freiheitsrechten beispiellos waren und sind. Im Mittelpunkt der vom Bundesgesetzgeber erlassenen Regelungen standen: erstens die Verabschiedung eines Nachtragshaushalts 2020 in einem Gesamtvolumen von ca. 122,5 Milliarden Euro und der Möglichkeit der Kreditaufnahme von bis zu ca. 156 Milliarden Euro (Art. 115 Abs. 2 S. 6 GG),[44] zweitens die umstrittene Novelle des Infektionsschutzgesetzes mit weitreichenden Verordnungsermächtigungen für den Bundesgesundheitsminister,[45] drittens die Sicherung der Krankenhausfinanzierung,[46] viertens die Regelung der Kurzarbeit,[47] fünftens das „Sozialpaket" mit dem erleichterten Zugang zur sozialen Sicherung und der Anpassung des Elterngeldes,[48] und fünftens Abstimmungen des Zivil-, Insolvenz- und Strafverfahrensrechts auf die COVID-19-Pandemie.[49]

Ebenfalls ab Mitte März 2020 haben alle Bundesländer auf der Grundlage des § 28 Abs. 1 und § 32 IfSG Allgemeinverfügungen bzw. Rechtsverordnungen erlassen, um der Übertragung des Corona-Virus beim Menschen vorzubeugen, Infektionen frühzeitig zu erkennen und ihre Weiterverbreitung zu verhindern (§ 1 IfSG):[50] Distanz- und Abstandsgebote von mindestens 1,5 Metern sollten im öffentlichen Raum eingehalten werden, um die Infektionsgefahr zu senken. Diese Corona-Verfügungen und Corona-Verordnungen der Länder führten zu Kontakt- bzw. Ausgangsbeschränkungen (in den Medien oftmals „Ausgangssperren" genannt),[51] die sich auch auf den eigenen Wohnraum bezogen. Sie untersagten umfassend alle Ansammlungen, Versammlungen und religiösen Zusammenkünfte. Die Länder verfügten die Schließung von Kitas, Schulen und Universitäten, von Betrieben, Geschäften und Restaurants. Besuchs- und Zugangsbeschränkungen wurden für Krankenhäuser, Altenheime und andere soziale Einrichtungen angeordnet, Reisen aus privatem Anlass sowie zu Zweitwohnsitzen verboten. Diese Corona-Verfügungen bzw. Corona-Verordnungen variierten zwischen den Bundesländern teilweise ganz erheblich. Sie sahen zugleich Ausnahmen vor, z. B. bei „Ausgangssperren" für die Fahrt zur Arbeit, Einkaufen und Sport, bei Kontaktverboten für Personen eines Haushalts mit einer weiteren Person, bei Geschäftsschließungen für die Deckung des alltäglichen Lebensbedarfs oder bei Restaurants für den Straßenverkauf. Im Laufe der Corona-Krise wurden diese Verbote teilweise verschärft, z. B. Ende April 2020 durch die Pflicht, eine Mund-Nasen-Bedeckung zu tragen („Maskenpflicht").[52] Im gleichen Zuge kam es aber auch zu Lockerungen der Verbote, wie beispielsweise die (teilweise) Öffnung von (kleineren) Geschäften sowie die umstrittene 800-Quadratmeter-Geschäftsflächen-Regelung. Auch gerichtliche Entscheidungen mahnten bereits ab Mitte April 2020 eine individuelle Prüfung von Versammlungsverboten an. In der Zusammenschau war und ist von diesen Pandemiemaßnahmen praktisch der gesamte Grundrechtskatalog des Grundgesetzes betroffen: die Handlungsfreiheit und das Allgemeine Persönlichkeitsrecht, die Freiheit und Freizügigkeit der Person, das Recht auf Erziehung und Bildung, die Religions-, Kunst-, Versammlungs- und Vereinigungsfreiheit, die Unverletzlichkeit der Wohnung, die Berufs-, Wirtschafts- und Eigentumsfreiheit sowie das Asylrecht (Art. 1 bis Art. 19 GG).

3. Social Distancing oder Physical Distancing?

Jede Krise schafft und verwendet ihre eigenen Begriffe, Bilder und Metaphern, um die mir ihr einhergehende Verän-

3. Social Distancing oder Physical Distancing?

derung der Gesellschaft zu beschreiben. Im Fall der Corona-Krise hat sich sehr schnell der Begriff des „Social Distancing" etabliert, den wir alle verwenden. Darüber hinaus ist auch mit Blick auf staatliche Pandemiemaßnahmen von einem gesellschaftlichen „Lock-" oder „Shutdown" die Rede. Eine ganze Gesellschaft kann „heruntergefahren" und sodann wieder „hochgefahren" werden.[53] Die „Geschlossene Gesellschaft"[54] braucht einen „Exit". Wir alle gebrauchen diese mechanistischen Begriffe, Bilder und Metaphern und wissen doch zugleich: Sie werden dem sozialen Wandel unserer Gesellschaft in der Corona-Krise nicht gerecht. Sicherlich zeitigen vor allem die staatlichen Maßnahmen, die in der Pandemie ergriffen wurden, einschneidende Folgen für das individuelle und das öffentliche Leben. Aber „die" Gesellschaft wurde dadurch keineswegs „heruntergefahren" oder „geschlossen", sondern sie hat sich sehr stark verändert.

Wir müssen also anders ansetzen, um diese gesellschaftlichen Veränderungen in der Corona-Krise zu beschreiben, damit an diese Beschreibung sodann wiederum die rechtliche Reflexion mit Blick auf gesetzliche Regulierung und verfassungsrechtliche Kritik anknüpfen kann. So weist der Begriff des „Social Distancing" in die falsche Richtung, wenn mit ihm die Entwicklung „zu einer neuen Massengesellschaft passiver Menschen"[55] skizziert wird. Durch die Corona-Krise verwandelt sich die Gesellschaft freier Bürger/innen aber keineswegs schlicht in eine stumpfe und dumpfe Masse passiver Menschen. Wenn man statt von „Social Distancing" von „Physical Distancing" spricht,[56] differenziert sich das Bild unserer Gesellschaft in Corona-Zeiten anders aus: Es wird deutlich, dass die Einhaltung, aber auch die Unterschreitung von physischer Distanz von 1,5 Metern sehr unterschiedliche soziale Folgen hat. Dies zeigt sich insbesondere dort, wo Menschen die Distanzregeln nicht einhalten können, weil sie in sozialen, medizinischen oder pflegerischen Berufen arbeiten oder weil sie als Verkäufer/innen, Fahrer/

innen, Polizistinnen und Polizisten die Versorgung mit alltäglichen Gütern und öffentlichen Infrastrukturen unter ständigem persönlichen Infektionsrisiko aufrechterhalten. In der Mehrheit arbeiten Frauen in diesen Berufen und tragen dieses Gesundheitsrisiko. Dies zeigt sich aber auch in den Familien und Haushalten, in denen kein Distanzgebot herrschen kann, die aber aufgrund der „Ausgangssperren", Kontaktbeschränkungen sowie der Schließung von Kitas und Schulen plötzlich mit „zu viel" sozialer Nähe umgehen müssen. Die „Dunkelziffer" häuslicher und sexueller Gewalt steigt in Corona-Zeiten. Ihre Opfer sind Kinder und Frauen.[57] Umgekehrt werden vor allem alte Menschen in Wohnungen und Heimen isoliert, um sie vor Ansteckungen zu schützen. Hier ist der Begriff des „Social Distancing" schon fast verharmlosend. Es geht um Einsamkeit, deren Grund in vielen Fällen nicht (mehr) verstanden wird. Menschen wissen nicht, wie ihnen geschieht. Schon diese wenigen Beispiele machen deutlich, wie wenig der Begriff des „Social Distancing" erfasst, um was es eigentlich geht: um eine aufgrund von „Physical Distancing" äußerst differenzierte und oft auch sehr ungleiche Gesellschaft, die sich kaum als homogene Massengesellschaft begreifen lässt.

Darüber hinaus führt die Pandemie keineswegs ausschließlich zu individueller und sozialer Passivität und Paralyse. Auch dieser Blick ist zu einseitig, als dass er die ganze Ambivalenz der sozialen, wirtschaftlichen und politischen Entwicklung erfassen könnte. Die Bundesrepublik ist auch in der Corona-Krise eine aktive und demokratische Bürgergesellschaft.[58] Dies gilt zunächst für die Notwendigkeit, das eigene alltägliche Leben aktiv neu zu gestalten, weil „alte" Routinen von „früher" – also von vor wenigen Monaten – aufgrund des „Physical Distancing" nicht mehr funktionieren. Wir lernen neue analoge und vor allem auch digitale Techniken, um den Alltag zu bewältigen und soziale Nähe herzustellen. Dies soll(te) nun sicherlich nicht idealisiert werden. Wer kann den

3. Social Distancing oder Physical Distancing?

Gemeinplatz, dass in jeder Krise auch immer eine Chance liegt, wirklich noch hören. Er ist zur Fahrstuhlmusik der modernen Gesellschaft geworden. Selbstverständlich führt das „Physical Distancing" auch zu individueller und sozialer Passivität und Paralyse, beispielsweise wenn Gewerbetreibende ihr Geschäft aufgeben oder ihr Restaurant schließen müssen, wenn Künstler/innen ihre Existenzgrundlage verlieren. Aber dennoch können wir dies nicht im Bild einer „Geschlossenen Gesellschaft" verallgemeinern, ohne eben die soziale Entwicklung doch zu eindimensional zu erfassen. Wir erleben in Corona-Zeiten eben auch eine sehr aktive soziale und politische Öffentlichkeit. Das Internet und die sozialen Medien kompensieren das „Physical Distancing" jedenfalls teilweise. Sie helfen, unsere sozialen Kontakte auf der Schnittstelle der Online- und der Offline-Welt unter den Bedingungen der Eineinhalbmeterdistanz neu zu entfalten. Darüber hinaus ist auch die politische Öffentlichkeit in der Corona-Krise sehr aktiv und hochgradig sensibilisiert. Die Politik muss neue Verhaltensregeln erklären, die Bürger/innen kritisch hinterfragen. Wir werden sehen, wie kompliziert die Abwägungsentscheidungen sind und wie komplex, riskant und verantwortungsvoll das Regieren in den Zeiten des SARS-CoV-2-Virus, das sich evolutionär weiterentwickelt, ist. Das öffentliche Bewusstsein für die Abwägung zwischen Freiheit, Sicherheit und Solidarität prägt die alltägliche Lebensgestaltung der Bürger/innen. Es bestimmt auch den politischen Streit um Verschärfungen und Lockerungen von Pandemiebewältigungsmaßnahmen, die Ausdruck sozialer und ökonomischer Interessenkonflikte sind. Dabei ist es in einem demokratischen Verfassungsstaat selbstverständlich, dass sich politische Auseinandersetzungen um diese harten Wohlstandskonflikte entfalten. Diesen politischen Streit werden wir aktiv im Rahmen unserer demokratischen Öffentlichkeit und verfassungsstaatlichen Institutionen führen, wenn weitere Pandemiewellen mit einer wirtschaftlichen Krise einhergehen.

III. Krisenmodus

Die Corona-Krise hat zu massiven Einschränkungen von Grundrechten geführt: Handlungsfreiheit und Persönlichkeitsrecht, Freiheit und Freizügigkeit der Person, das Recht auf Erziehung und Bildung, die Religions-, Kunst-, Versammlungs- und Vereinigungsfreiheit, die Unverletzlichkeit der Wohnung, die Berufs-, Wirtschafts- und Eigentumsfreiheit sowie das Asylrecht sind (un)mittelbar eingeschränkt. In staatsorganisatorischer Hinsicht steht die Funktionsfähigkeit von Parlamenten auf dem Spiel. Bundes- und Landesregierungen erhalten weitgehende Rechtsetzungskompetenzen. Die Bundeskanzlerin begab sich von Ende März bis Anfang April 2020 freiwillig in häusliche „Quarantäne". Es wäre ungewöhnlich, wenn wir uns in dieser Situation keine Gedanken über den Zustand unserer Verfassungsordnung machen würden.[59] Dies gilt umso mehr, als vor allem Ungarn und Polen die Pandemie nutzen, um über die weitere Zerstörung von Verfassungsstaatlichkeit ihre Entwicklung zu illiberalen Nicht-Demokratien zu beschleunigen. Vor diesem Hintergrund stellen sich drei Fragen: Erleben wir einen Ausnahmezustand? Warum liegt (bisher) kein Fall des inneren Notstands vor? Und welche Rolle spielt die infektionsschutzrechtliche Generalklausel?

1. Ausnahmezustand?

Es war von vornherein klar, dass philosophische Flaneure des Ausnahmezustands wie Giorgio Agamben in der Corona-Pandemie zu feuilletonistischer Höchstform auflaufen würden: das nackte Leben, der virale Feind in unseren Körpern, der introvertierte Bürgerkrieg, biopolitisch experimentierende Regierungen, die allgegenwärtige Unfreiheit, der Ausnahmezustand als Normalzustand.[60]

Wir Juristinnen und Juristen – oder jedenfalls die meisten von uns – gehen mit dem Begriff des „Ausnahmezustands" im demokratischen Verfassungsstaat vorsichtig und zurückhaltend um. Dazu mahnt schon die vollkommene theoretische Enthemmung, mit der Carl Schmitt den Ausnahmezustand zum quasisakralen Testfall der Souveränität verklärt hat,[61] um auf dieser Grundlage über eine ebenso hemmungslose Auslegung der Notstandsbefugnisse des Reichspräsidenten (Art. 48 Abs. 2 WRV) den Weg in die Diktatur zu ebnen.[62] Theorie hat also im Verfassungsrecht durchaus praktische Folgen; und Krisendiskurse des Rechts beeinträchtigen die Geltung des Rechts in der Krise. Deshalb ist es gerade in der Krise so wichtig, die liberale und demokratische Verfassung zu achten.

Doch in der Corona-Krise wurde der Ausnahmezustand auch rechtswissenschaftlich ausgerufen. So hielt beispielsweise der Frankfurter Rechtsphilosoph Uwe Volkmann in seinem Beitrag „Der Ausnahmezustand"[63] die Befürchtung, wir befänden uns auf dem Weg in einen „faschistoid-hysterischen Hygienestaat"[64] für drastisch, aber für „möglicherweise nicht übertrieben". Diesen Befund entfaltet Volkmann in einem argumentativen Dreisatz aus Staatstheorie, Verfassungsrecht und Rechtsphilosophie. In staatstheoretischer Perspektive lebten wir – so Volkmann – „gefühlt im Ausnahmezustand: mit drastischen Beschränkungen des wirtschaftlichen wie privaten Lebens, in einem Zustand von Gesellschaft, die nach und nach auf Null heruntergefahren wird." Aber der Ausnahmezustand sei in der Bundesrepublik nirgends ausdrücklich erklärt worden. Offenbar seien die Übergänge und auch die Grenzen von Normalzustand und Ausnahmezustand fließend geworden. Ob wir im Aus-

1. Ausnahmezustand?

nahmezustand oder in der Normallage lebten, sei in vielen Fällen nur eine Frage der Bezeichnung. In seiner Entwicklung zum Präventionsstaat sei „das frühere Ausnahmerecht mehr und mehr in das Recht der Normallage" eingewandert. Selbst Carl Schmitt habe konstatiert, dass die klare Unterscheidung zwischen Ausnahmezustand und Normalzustand inzwischen etwas Altmodisches habe. Aus der Diskussion von Ausnahmelagen könne man staatstheoretisch lernen, dass dies die Stunde der Exekutive sei, dass Opposition nicht honoriert werde und deshalb faktisch nicht vorkomme. Der Wille zur Tat sehe sich durch Wahlchancen prämiert, was eine Beendigung des „Kriegs gegen das Virus" erschwere. In verfassungsrechtlicher Perspektive bleibt nach Volkmann das Recht der Normallage in der Ausnahmesituation vor allem in Form der Grundrechtsbindung präsent. Doch am Ende sei es immer die Bedeutung der auf dem Spiel stehenden Rechtsgüter und die schiere Größe der Gefahr, die ganz drastische Maßnahmen rechtfertige. Darüber hinaus würde es kein Verwaltungs- und Verfassungsgericht riskieren, auch nur eine davon zu beanstanden und der Regierung im Kampf gegen die existenzielle Bedrohung in den Arm zu fallen.[65] Dies führt Volkmann zu der Frage, wie lange ein solcher Zustand aufrechterhalten werden könne: Monate oder Jahre? Das weitgehende Herunterfahren einer Gesellschaft lasse sich nur für eine begrenzte Zeit durchhalten. Deshalb werde der Widerstand gegen die Maßnahmen so groß, dass diese nicht mehr aufrechterhalten werden könnten: „Niemand will aus dem gegenwärtigen Alptraum in einem Trümmerfeld erwachen, in dem ganze Wirtschaftszweige, eine Vielzahl von Unternehmen und massenhaft individuelle berufliche Existenzen vernichtet sind." In rechtsphilosophischer Perspektive führen nach Volkmann die damit aufgeworfenen Abwägungsfragen über das Verfassungsrecht hinaus in die Ethik und Rechtsphilosophie, die allein eine Antwort geben könnten. Insofern verweist Volkmann beispielhaft auf die Kapazitätsgrenzen des Gesundheitssystems und die Triage-Entscheidungen über Leben und Tod. Hinsichtlich der Maßstäbe stellt Volkmann sodann den Standpunkt eines normativen Individualismus unter dem Stichwort „Höchstwert Leben" der Frage gegenüber, ob auch Interessen des allgemeinen Wohlstands oder eines gesamtgesellschaftlichen Nutzens in Abwägungen zu berücksichtigen seien. Vieles spreche für eine individualistische Position. Doch andererseits betrachten wir 3.000-4.000 Verkehrstote im Jahr als „sozial adäquat". Auch bei den bisherigen Epidemien von der Schweinegrippe bis zur normalen Influenza hätten wir die Todesraten nicht durch mögliche Einreisesperren, Verbote von Großveranstaltungen und Isolierung der Menschen gesenkt. Wir müssten uns eingestehen, dass es Krankheiten gebe, die wir nicht besiegen könnten, und wieder lernen, die Welt nicht durch die Brille von Virologen zu betrachten.

Volkmanns Beschreibung des Ausnahmezustands der Bundesrepublik in der Corona-Krise ist aus verfassungsrechtlicher Perspektive leider nur sehr schwer nachvollziehbar. Es bleibt bei Volkmann vollkommen offen, ob die Bundesrepublik in der gegenwärtigen Pandemie nun einen faktischen, psychologischen oder rechtlichen Ausnahmezustand erlebt oder nicht. Dabei ist die Unterscheidung zwischen dem Normalzustand und dem Ausnahmezustand verfassungsrechtlich klar: Im Normalzustand gilt die Verfassung, im Ausnahmezustand nicht. In der Corona-Krise gilt das Grundgesetz, an dem alle Gesetze und Rechtsverordnungen, Informations- und Verwaltungsakte zu messen sind, die von Gesetzgeber, Regierung und Verwaltung für die Bekämpfung der Pandemie eingesetzt werden. Daran ändert auch die von Volkmann vollkommen zutreffend unterstrichene Entwicklung des Sicherheitsrechts zum Präventionsrecht nichts. Denn auch das Präventionsrecht, das uns letztlich seit der Industriellen Revolution begleitet, ist und bleibt an die Verfassung gebunden. Auch überzeugt Volkmanns Beschreibung der Gewaltenteilung in der Corona-Krise nicht.

1. Ausnahmezustand? 31

Bundes- und Landesregierungen sind sich der fragilen Komplexität des Regierens in der Pandemie vollkommen bewusst. In diesem Zusammenhang ist es in einem demokratischen Verfassungsstaat auch vollkommen normal und sehr positiv, dass die Regierungen in ihrem Krisenmanagement die nächste Wahl im Blick behalten. Sorgen müsste man sich vielmehr im Fall einer Regierung machen, der Wahlen in einer Krisensituation demokratisch vollkommen gleichgültig sind. Dabei ist eine einfache Prämie auf das Krisenmanagement bei der nächsten Wahl auch keineswegs garantiert. Die Stimmung kann schnell kippen. Wir werden auch noch im Einzelnen sehen, dass sich Volkmanns Feststellung, Opposition spiele in der Corona-Krise keine Rolle, in der politischen Realität nicht bestätigt sieht. Schließlich ist die Gerichtsbarkeit – nach anfänglicher Zurückhaltung – in vollem Umfang in die verfassungsrechtliche Überprüfung von Pandemiemaßnahmen eingestiegen, wobei die Judikative die gesetzgeberischen und exekutiven Einschätzungsprärogativen zu achten hat, die in der Gewaltenteilung angelegt sind (Art. 20 Abs. 2 und Abs. 3 GG).

Darüber hinaus zeigt Volkmanns Argumentation hinsichtlich grundrechtlicher Freiheitsbeschränkung, dass das ganze Gerede von der Ununterscheidbarkeit von Normal- und Ausnahmezustand schlicht in die normative Desorientierung führt. Volkmann entgrenzt Verfassungsrecht und Rechtsphilosophie, obwohl hier kategoriale Unterschiede bestehen: Bei der verfassungsrechtlichen Bewertung einzelner Freiheitseinschränkungen ist der Verhältnismäßigkeitsgrundsatz ernst zu nehmen, der nach Geeignetheit, Erforderlichkeit und Angemessenheit jeder Maßnahme im Einzelfall fragt und dabei in der Zeitschiene der Krise die gesetzgeberischen Gestaltungsspielräume und exekutiven Einschätzungsprärogativen nicht übersieht, die sich in der Bestimmung der gerichtlichen Kontrolldichte widerspiegeln. Stattdessen überführt Volkmann die Würdigung von Freiheitsbeschränkungen auf ein nicht näher konturiertes Feld der Rechtsphilosophie, das in seiner gegen den „Höchstwert Leben" gerichteten Faktizitätsorientierung unter dem Stichwort der „Sozialadäquanz" eine vollkommen undifferenzierte Vergleichbarkeit von Verkehrstoten, „normaler" Influenza und Corona-Pandemie herstellt, ohne daraus auch nur eine konkrete Folgerung zu ziehen. Mit Ausnahme der Mahnung, die Welt nicht allein durch die „Brille von Virologen" zu betrachten, was aber soweit ersichtlich niemand tut. Denn die Pandemie, die wir erleben, ist allerdings eine Zeit, in der man die Welt eben *auch* durch die „Brille von Virologen" betrachten muss, wenn man nicht politisch wie rechtlich vollkommen verantwortungslos handeln möchte.

Was bleibt also von Diagnosen der Entgrenzung von Normalzustand und Ausnahmezustand in der Verfassungsordnung der Bundesrepublik in der Corona-Krise? Die Behauptung eines unklaren, aber gleichwohl über uns schwebenden Ausnahmezustands nährt eine (Un-)Kultur des Verdachts der prinzipiellen Rechtswidrigkeit von Maßnahmen, die unter Geltung des Grundgesetzes zur Pandemiebekämpfung getroffen wurden. Sie ist auch in Volkmanns Reflexion des „alltäglichen Ausnahmezustands"[66] in der Corona-Krise präsent: mit der Beschreibung, gefühlt in einem Ausnahmezustand zu leben; mit der schlichten Unterstellung, die Bürger/innen hätten die Freiheitsbeschränkungen der Corona-Krise bereits verinnerlicht;[67] mit den eindeutig uneindeutigen Vergleichen der Bundesrepublik mit China und Nordkorea; mit der Diagnose, persönliche Gesundheitswünsche seien Ausdruck eines gesundheitlichen Imperativs des Präventionsstaats;[68] mit der Befürchtung, auf einen „faschistoid-hysterischen Hygienestaat" zuzusteuern; mit dem Gefühl: „Irgendwie beunruhigend, das große Ganze."[69]

Die rechtswissenschaftliche Alternative zu dieser (Un-)Kultur des Verdachts des Ausnahmezustands in der Bundesrepublik ist aber auch klar:[70] Das Grundgesetz gilt – auch und gerade in der Pandemie. Wir erleben in der Corona-Krise keinen verfassungsrechtlichen Ausnahmezustand. Grundrechte und Staatsorganisationsrecht sind nicht suspendiert. Alle staatlichen Maßnahmen, die in der Corona-Krise getroffen wurden und werden, sind an der Verfassung zu messen und folglich entweder verfassungskonform oder verfassungswidrig.

2. Notstandsverfassung

Die Corona-Krise hat die Bundesrepublik also nicht in den Ausnahmezustand überführt. Bisher wurden von Bund und Ländern auch nicht die verfassungsrechtlichen Regeln der Notstandsverfassung in Anspruch genommen, um die COVID-19-Pandemie einzudämmen. Um zu verstehen, warum dies (bisher) nicht der Fall ist, muss man sich die Notstandsverfassung des Grundgesetzes vor Augen führen, die sich grundlegend von der Weimarer Reichsverfassung unterscheidet.

In der Nachfolge des „Belagerungs-" und „Kriegszustands" des 19. Jahrhunderts sah Art. 48 Abs. 2 WRV die sog. „Diktaturgewalt des Reichspräsidenten" in Form einer auf das gesamte Reich bezogenen polizeilichen Generalklausel vor: Der Reichspräsident kann, wenn im Deutschen Reiche die öffentliche Sicherheit und Ordnung erheblich gestört oder gefährdet wird, die zur Wiederherstellung der öffentlichen Sicherheit und Ordnung nötigen Maßnahmen treffen, erforderlichenfalls mit Hilfe der bewaffneten Macht einschreiten (Art. 48 Abs. 2 S. 1 WRV). Zu diesem Zweck war es dem Reichspräsidenten möglich, die folgenden Grundrechte vorübergehend ganz oder teilweise außer Kraft zu setzen: die Freiheit der Person, die Unverletzlichkeit der Wohnung, das Brief-, Post-, Telegraphen- und Fernsprechgeheimnis sowie die Meinungs-, Presse-, Versammlungs-, Vereinigungs- und Eigentumsfreiheit (Art. 48 Abs. 2 S. 2 WRV). Reichspräsident Paul von Hindenburg nutzte Art. 48 WRV, um die Weimarer Verfassungsordnung ab 1930 in den „permanenten Notstand"[71] des Präsidialsystems zu überführen, um die Republik sodann am 30. Januar 1933 an die Nationalsozialisten auszuliefern. Nach dem Zweiten Weltkrieg verankerten einige Bundesländer Notverordnungsrechte in ihren Landesverfassungen, um den inneren Notstand zu regeln.[72] Doch angesichts der verhängnisvollen Rolle, die Art. 48 WRV in der Endphase der Weimarer Republik spielte, entschied sich der Parlamentarische Rat bei der Ausarbeitung des Grundgesetzes gegen eine generalklauselförmig gefasste Notstandsverfassung mit der Möglichkeit der Grundrechtssuspendierung.[73]

Das Grundgesetz wählt einen vollkommen anderen Weg als die Weimarer Reichsverfassung, um mit Notständen umzugehen. Es knüpft für die Regelung des inneren Notstands an das Recht der sicherheitsrechtlichen Normallage an. Das Grundgesetz geht davon aus, dass mit dem im Normalfall geltenden Sicherheitsrecht, auch extreme Notsituationen grundsätzlich verfassungskonform „in den Griff" zu bekommen sind. Die sicherheitsrechtliche Normallage wird durch „einfaches" Gesetzesrecht ausgestaltet, das sich im Rahmen der verfassungsrechtlichen Vorgaben des Grundgesetzes halten muss (Art. 20 Abs. 3 GG). Den Kern dieses einfachgesetzlichen Sicherheitsrechts bildet das Recht der Gefahrenabwehr, also das allgemeine Polizei- und Ordnungsrecht sowie das besondere Sicherheitsrecht, zu dem auch das Infektionsschutzgesetz zählt. Nur für den Fall, dass dieses Recht der sicherheitsrechtlichen Normallage eine konkrete Notsituation nicht effektiv bewältigen kann, sieht das Grundgesetz Regelungen für drei innere Notlagen vor: den Notfall (Art. 35 Abs. 2 und 3 GG), den Notstandsfall (Art. 91 GG) und den Widerstandsfall (Art. 20 Abs. 4 GG).[74] Da der

2. Notstandsverfassung

Notstands- und der Widerstandsfall auf die Gefährdung bzw. Beseitigung der freiheitlich-demokratischen Grundordnung reagieren, spielen diese beiden Notlagen in der aktuellen Corona-Pandemie keine Rolle. Allerdings könnte in der Corona-Krise die Regelung des Notfalls aktiviert werden.

Die Regelung des Notfalls geht in Art. 35 GG – wie gesagt – zunächst einmal davon aus, dass selbst schwere Notsituationen mittels des Sicherheitsrechts der Normallage bewältigt werden, wobei sich Länder und Bund grundsätzlich gegenseitig Amtshilfe leisten (Art. 35 Abs. 1 GG). Nur wenn dies nicht mehr garantiert ist, eröffnet Art. 35 Abs. 2 GG den Ländern die Möglichkeit, bei einer Beeinträchtigung der öffentlichen Sicherheit und Ordnung die Unterstützung der Bundespolizei (Satz 1) und bei einer Naturkatastrophe oder einem besonders schweren Unglücksfall die Polizeikräfte anderer Länder, Kräfte anderer Einrichtungen und Verwaltungen, der Bundespolizei und der Streitkräfte anzufordern (Satz 2). Eine flächendeckende Pandemie kann sich aufgrund der Gefährdung von Menschenleben zu einem „Ereignis von katastrophischen Dimensionen"[75] entwickeln. Deshalb kann eine Pandemie als Unglücksfall und folglich als eine Notlage im Sinne des Art. 35 Abs. 2 GG angesehen werden. Dabei müssen die entsprechenden Einsatzmaßnahmen nicht den Eintritt eines Unglücksfalls abwarten, sondern können bereits präventiv erfolgen, also zu einem Zeitpunkt, in dem ein katastrophaler Schaden unmittelbar bevorsteht und mit an Sicherheit grenzender Wahrscheinlichkeit eintreten wird.[76] Für den Fall, dass der Unglücksfall über das Gebiet eines Landes hinausgeht, eröffnet Art. 35 Abs. 3 GG ein Eingreifen der Bundesregierung: Diese kann den Landesregierungen dann Weisungen erteilen, anderen Ländern Polizeikräfte zur Verfügung zu stellen, sowie Einheiten der Bundespolizei und der Streitkräfte zur Unterstützung der Polizeikräfte einsetzen (Satz 1). Sie muss diese Maßnahmen aber jederzeit auf Verlangen des Bundesrats, im Übrigen unverzüglich nach der Beseitigung der Gefahr aufheben (Satz 2). Es wäre also grundsätzlich möglich, auch im Zuge der Corona-Krise die Regelungen über den Not- und Katastrophenfall zu aktivieren, wenn ein Land oder mehrere Länder durch die Pandemie überfordert wären. Doch dies ist in der COVID-19-Pandemie (bisher) nicht der Fall.

3. Die infektionsschutzrechtliche Generalklausel

Auf die Corona-Krise wurde also weder mit einem Ausnahmezustand noch mit der inneren Notstandsverfassung, sondern auf der Grundlage des normalen Sicherheitsrechts und insbesondere des Infektionsschutzgesetzes reagiert. Es ist der Zweck des Infektionsschutzgesetzes, übertragbaren Krankheiten beim Menschen vorzubeugen, Infektionen frühzeitig zu erkennen und deren Weiterverbreitung zu verhindern (§ 1 Abs. 1 IfSG). Die Maßnahmen, die die Länder zur Eindämmung von COVID-19 seit März 2020 erlassen und sodann wiederholt verlängert haben, stützen sich auf die infektionsschutzrechtliche Generalklausel des § 28 Abs. 1 in Verbindung mit der Ermächtigung zum Erlass von Rechtsverordnungen des § 32 IfSG. Der Bundestag hatte die keineswegs klar gefasste infektionsschutzrechtliche Generalklausel zu Beginn der Corona-Krise durch das Gesetz zum Schutz der Bevölkerung bei einer epidemischen Lage von nationaler Tragweite vom 27. März 2020[77] neu gefasst. Es wird zu Recht darüber gestritten, ob diese Novelle wirklich gelungen ist. Jedenfalls lautet die geltende Fassung der infektionsschutzrechtlichen Generalklausel in § 28 Abs. 1 IfSG nun:

> Werden Kranke, Krankheitsverdächtige, Ansteckungsverdächtige oder Ausscheider festgestellt oder ergibt sich, dass ein Verstorbener krank, krankheitsverdächtig oder Ausscheider

3. Die infektionsschutzrechtliche Generalklausel

war, so trifft die zuständige Behörde die notwendigen Schutzmaßnahmen, insbesondere die in den §§ 29 bis 31 genannten, soweit und solange es zur Verhinderung der Verbreitung übertragbarer Krankheiten erforderlich ist; sie kann insbesondere Personen verpflichten, den Ort, an dem sie sich befinden, nicht oder nur unter bestimmten Bedingungen zu verlassen oder von ihr bestimmte Orte oder öffentliche Orte nicht oder nur unter bestimmten Bedingungen zu betreten. Unter den Voraussetzungen von Satz 1 kann die zuständige Behörde Veranstaltungen oder sonstige Ansammlungen von Menschen beschränken oder verbieten und Badeanstalten oder in § 33 genannte Gemeinschaftseinrichtungen oder Teile davon schließen. Eine Heilbehandlung darf nicht angeordnet werden. Die Grundrechte der Freiheit der Person (Artikel 2 Absatz 2 Satz 2 des Grundgesetzes), der Versammlungsfreiheit (Artikel 8 des Grundgesetzes), der Freizügigkeit (Artikel 11 Absatz 1 des Grundgesetzes) und der Unverletzlichkeit der Wohnung (Artikel 13 Absatz 1 des Grundgesetzes) werden insoweit eingeschränkt.

Darüber hinaus ermächtigt § 32 S. 1 IfSG die Landesregierungen, unter den Voraussetzungen, die für Maßnahmen nach § 28 IfSG maßgebend sind, durch Rechtsverordnungen entsprechende Gebote und Verbote zur Bekämpfung übertragbarer Krankheiten zu erlassen. Auch insoweit ist es nach § 32 S. 3 IfSG möglich, die Grundrechte der Freiheit der Person (Art. 2 Abs. 2 S. 2 GG), der Versammlungsfreiheit (Art. 8 Abs. 1 GG), des Brief-, Post- und Fernmeldegeheimnisses (Art. 10 Abs. 1 GG), der Freizügigkeit (Art. 11 Abs. 1 GG) und der Unverletzlichkeit der Wohnung (Art. 13 Abs. 1 GG) einzuschränken. Allerdings kann die Einschränkung von Grundrechten noch weiter gehen, da sich das Zitiergebot (Art. 19 Abs. 1 S. 2 GG) nur auf Grundrechte erstreckt, die – wie die in § 28 Abs. 1 S. 4 und § 32 S. 3 IfSG genannten Freiheitsgewährleistungen einem formalen Gesetzesvorbehalt unterliegen. Soweit Grundrechte keinen formalen Gesetzesvorbehalt kennen, finden sie ihre verfassungsimmanenten Schranken in den Gewährleistungen anderer Grundrechte und Verfassungsprinzipien.[78] Auf diese Weise können auch die formal schrankenlos gewährleistete Religionsfreiheit (Art. 4 Abs. 1 und 2 GG), die Versammlungsfreiheit in geschlossenen Räumen (Art. 8 Abs. 1 GG) und die Vereinigungsfreiheit (Art. 9 Abs. 1 GG) durch infektionsschutzrechtliche Rechtsverordnungen, Allgemeinverfügungen und Einzelmaßnahmen eingeschränkt werden.

Betrachtet man dieses Zusammenspiel von § 28 Abs. 1 und § 32 IfSG, so erinnert die darin enthaltene generalklauselartige Verordnungsermächtigung in Verbindung mit der Möglichkeit, Grundrechte einzuschränken, auf den ersten Blick an Art. 48 Abs. 2 WRV. Ist das Notstandsrecht auf diese Weise nun aus der Verfassung in das spezielle Sicherheitsrecht „gerutscht"? Diese Frage stellt sich umso dringender, wenn man sich den personellen Anwendungsbereich sowohl des § 28 Abs. 1 IfSG mit Blick auf infektionsschutzrechtliche Allgemeinverfügungen und Einzelmaßnahmen als auch des § 28 Abs. 1 i. V. m. § 32 S. 1 IfSG mit Blick auf die Rechtsverordnungsermächtigung betrachtet: Die Maßnahmen können sich nicht nur gegen Kranke, Krankheitsverdächtige, Ansteckungsverdächtige oder Ausscheider richten, sondern auch gegen sog. „Nichtstörer", also gegen gesunde Personen.[79] Nun ist es in einer Pandemie durchaus sinnvoll, mit infektionsschutzrechtlichen Regelungen alle Bürger/innen anzusprechen, um Infektionen effektiv zu vermeiden.[80] Es ist auch äußerlich in der Regel überhaupt nicht erkennbar, wer (nicht) infiziert ist. Die Bürger/innen wissen es in vielen Fällen selbst nicht. Doch dies hat zugleich zur Folge, dass sich der personelle Anwendungsbereich der infektionsschutzrechtlichen Generalklausel immens ausdehnt. Im Sicherheitsrecht können neben Verhaltens- und Zustandsstörern eigentlich nur superausnahmsweise, subsidiär und unter strenger Beachtung des Verhältnismäßigkeitsprinzips vollkommen unbeteiligte Dritte als einzelne „Nichtstörer" in Anspruch genommen werden, um eine Gefahr effektiv zu

3. Die infektionsschutzrechtliche Generalklausel

beseitigen.[81] Im Infektionsschutzgesetz weitet die Rechtsfigur des sicherheitspflichtigen „Nichtstörers" den personellen Anwendungsbereich der infektionsschutzrechtlichen Generalklausel allerdings auf die gesamte Bevölkerung aus.

Dennoch ist § 28 Abs. 1 i. V. m. § 32 IfSG nicht der infektionsschutzrechtliche Wiedergänger des Art. 48 Abs. 2 WRV. Bei der infektionsschutzrechtlichen Generalklausel handelt es sich im Gegensatz zu Art. 48 Abs. 2 WRV nicht um eine verfassungsrechtliche Regelung, sondern „nur" um „einfaches" Gesetzesrecht. Dies bedeutet, dass sowohl § 28 Abs. 1 i. V. m. § 32 IfSG als auch alle auf ihrer Grundlage erlassenen Rechtsverordnungen, Allgemeinverfügungen und Verwaltungsakte dem Vorbehalt der Verfassung (Art. 20 Abs. 3 GG) unterliegen, also nicht gegen die Verfassung verstoßen dürfen. Dies gilt sowohl für die Grundrechte als auch für das Staatsorganisationsrecht.

Mit Blick auf die Grundrechte eröffnet § 28 Abs. 1 i. V. m. § 32 IfSG die Möglichkeit, Freiheitsgewährleistungen und Gleichheitsgarantien unter Beachtung des Verhältnismäßigkeitsgrundsatzes einzuschränken. Auf der Grundlage der infektionsschutzrechtlichen Generalklausel können Grundrechte aber nicht wie im Fall des Art. 48 Abs. 2 S. 2 WRV ganz oder teilweise außer Kraft gesetzt werden. Eine solche Suspendierung von Grundrechten durch § 28 Abs. 1 i. V. m. § 32 IfSG ist aufgrund des Vorrangs der Verfassung (Art. 20 Abs. 3 GG) ausgeschlossen: Die Grundrechte binden Gesetzgebung, vollziehende Gewalt und Rechtsprechung als unmittelbar geltendes Recht (Art. 1 Abs. 3 GG). Zwar könnte man vom Wortlaut des § 32 S. 3 IfSG den vollkommenen Ausschluss der Möglichkeit, sich überhaupt auf ein Grundrecht zu berufen, als die weitestgehende Form der „Einschränkung" verstehen. Doch diese extreme Auslegung wird von vornherein durch die Wesensgehaltsgarantie unterbunden: In keinem Fall darf ein Grundrecht in seinem Wesensgehalt angetastet werden (Art. 19 Abs. 2 GG).[82] Die Grundrechte können durch oder aufgrund § 28 Abs. 1 i. V. m. § 32 IfSG also nicht suspendiert, sondern „nur" verhältnismäßig eingeschränkt werden.

Mit Blick auf das Staatsorganisationsrecht eröffnen § 28 Abs. 1 i. V. m. § 32 IfSG den Gesundheitsbehörden keinerlei Befugnis und Möglichkeit, die Kompetenzen und Funktionsfähigkeit von Verfassungsorganen des Bundes und der Länder zu beeinträchtigen. Die Verfassungsorgane des Bundes und der Länder entscheiden selbstständig über die sie betreffenden infektionsschutzrechtlichen Maßnahmen, wobei die Gewährleistung ihrer Kompetenzen und Funktionsfähigkeit oberste Priorität genießt. Angesichts des weiten sachlichen und persönlichen Anwendungsbereichs der infektionsschutzrechtlichen Generalklausel gilt es, diesen staatsorganisatorischen Vorbehalt des Grundgesetzes und der Landesverfassungen sehr ernst zu nehmen. Anderenfalls stünde es den Gesundheitsbehörden auf der Grundlage des Infektionsschutzrechts beispielsweise offen, Bürger/innen an der Teilnahme an Wahlen in Wahllokalen zu hindern, den Abgeordneten den Zugang zu den Parlamenten zu verweigern, die Arbeit in Ministerien und Regierungen einzustellen und die Gerichtsbarkeit lahmzulegen. Doch ein infektionsschutzrechtlicher Staatsstreich der Gesundheitsämter ist durch den Vorrang der Verfassung von vornherein ausgeschlossen (Art. 20 Abs. 3 GG): Die infektionsschutzrechtliche Generalklausel kann nicht das Wahlrecht der Bürger/innen einschränken (Art. 38 Abs. 1 S. 1 GG). Sie darf die Abgeordneten an der Ausübung ihres Mandats nicht behindern (Art. 38 Abs. 1 S. 2 GG, Art. 48 Abs. 2 S. 1 GG). Jede Beschränkung der persönlichen Freiheit eines Abgeordneten bedarf der Genehmigung des Bundestags (Art. 46 Abs. 3 GG). Der Bundestag tritt zusammen, wenn der Bundestagspräsident ihn einberuft oder ein Drittel der Abgeordneten dies verlangt (Art. 39 Abs. 3 S. 2 und 3 GG). Nicht die Gesundheitsbehörden, sondern der Bundestagspräsident übt das Hausrecht und die Polizeigewalt im Parlamentsgebäude aus (Art. 40 Abs. 2

3. Die infektionsschutzrechtliche Generalklausel

S. 1 GG). Auch die Arbeit und Funktionsfähigkeit der Bundesregierung, des Bundespräsidenten und des Bundesrats können nicht Gegenstand von Corona-Verordnungen (§ 28 Abs. 1 i. V. m. § 32 IfSG) oder infektionsschutzrechtlichen Allgemeinverfügungen und Einzelmaßnahmen sein (§ 28 Abs. 1 IfSG). Vielmehr entscheiden alle diese Verfassungsorgane selbstständig über die Frage, wie sie ihre Funktionsfähigkeit in der Corona-Krise sicherstellen.

Allerdings haben sich insofern zu Beginn der Corona-Krise ab März 2020 doch kleine „Unsicherheiten" in der Staatspraxis gezeigt: Es war verfassungsrechtlich irritierend, dass die Berliner Corona-Verordnung die Veranstaltungen, Zusammenkünfte und Sitzungen des Deutschen Bundestags, des Bundesrats, des Berliner Abgeordnetenhauses, der Bundesregierung, des Senats von Berlin, des Verfassungsgerichtshofs von Berlin, der Gerichte sowie von Gremien und Behörden von Bund und Ländern von dem grundsätzlichen Verbot von Veranstaltungen, Versammlungen, Zusammenkünften und Ansammlungen ausdrücklich ausnahm.[83] Zwar mag der Berliner Verordnungsgeber die Regelung aus Klarstellungsgründen erlassen haben. Doch verfassungsrechtlich verfügt das Land Berlin insofern von vornherein über keinerlei Regelungskompetenz. Darüber hinaus muss der Deutsche Bundestag gerade in der Corona-Krise auf seine Funktionsfähigkeit achten. So ist es verfassungsrechtlich zu begrüßen, dass der Deutsche Bundestag durch die Änderung seiner Geschäftsordnung durch Beschluss vom 25. März 2020[84] ausdrücklich feststellt, dass durch allgemeine Maßnahmen nach dem Infektionsschutzgesetz – wie etwa „Ausgangssperren" – Abgeordnete nicht an der Ausübung ihres Mandats, insbesondere an der Anreise zu Sitzungen des Deutschen Bundestages, gehindert werden dürfen (Nr. 6a GOBT-Anlage 6). Allerdings hat der Deutsche Bundestag im gleichen Beschluss die Anordnung von freiheitsbeschränkenden Maßnahmen nach dem Infektionsschutzgesetz gegen Abgeordnete pauschal genehmigt. Der Bundestag will sich auf eine nachgängige Prüfung der gegen Abgeordnete getroffenen infektionsschutzrechtlichen Maßnahmen beschränken. Diese Ex-Post-Prüfung soll feststellen, ob die gegenüber Abgeordneten getroffenen Maßnahmen erstens infektionsschutzrechtlich rechtmäßig sind und zweitens die Funktionsfähigkeit des Parlaments nicht beeinträchtigen.[85] Doch mit einer solchen Ex-Post-Überprüfung von Infektionsschutzmaßnahmen, die Abgeordnete betreffen, kann der Bundestag in Pandemiezeiten im Zweifel seine Funktionsfähigkeit (Art. 38 Abs. 1 S. 2 GG) nicht garantieren:[86] Es ist insofern eine einzelfallbezogene Vorabprüfung und Genehmigung des Bundestags angezeigt. Während dieser Prüfung sollte sich das betroffene Mitglied des Bundestags selbstverantwortlich für eine „Beobachtung" bzw. „Quarantäne" entscheiden. Anderenfalls könnte schon eine gesundheitsamtliche Einordnung einer Vielzahl von Abgeordneten als ansteckungs- oder krankheitsverdächtig (§ 28 Abs. 1 S. 1, § 29 Abs. 1, § 30 Abs. 1 IfSG) nicht nur die parlamentarischen Mehrheitsverhältnisse, sondern die Funktionsfähigkeit des Bundestags insgesamt in Frage stellen. Demgegenüber hat die Bundesregierung ihre Funktionsfähigkeit zu Beginn der Corona-Krise verfassungskonform sichergestellt: Als sich die Bundeskanzlerin wegen eines Infektionsverdachts Ende März, Anfang April 2020 aus eigenem Entschluss in „Quarantäne" begab, führte sie die Geschäfte der Bundesregierung weiter (Art. 65 S. 1 und S. 4 GG). Eine im weiteren Sinn staatsorganisatorische Unsicherheit hat sich jedoch wiederum mit Blick auf die Stichwahl im Rahmen der bayerischen Kommunalwahlen am 29. März 2020 gezeigt:[87] Die Anordnung, die kommunale Stichwahl allein als Briefwahl durchzuführen, wurde zunächst durch ministerielle Allgemeinverfügung getroffen.[88] Aufgrund der verfassungsrechtlichen Bedeutung der demokratischen Legitimation der kommunalen Selbstverwaltung (Art. 28 Abs. 1 S. 2 GG) bedarf es insofern aber

3. Die infektionsschutzrechtliche Generalklausel

einer gesetzgeberischen Regelung, die der Bayerische Landtag sodann auch getroffen hat (Art. 60a S. 1 GLKrWG).[89]

Damit wird insgesamt deutlich, dass Art. 48 Abs. 2 WRV keineswegs in der infektionsschutzrechtlichen Generalklausel (§ 28 Abs. 1 IfSG) in Verbindung mit der infektionsschutzrechtlichen Verordnungsermächtigung (§ 32 S. 1 IfSG) wiederauflebt: Grundrechtsgeltung und Staatsorganisationsrecht bleiben unberührt. § 28 Abs. 1 i. V.m § 32 IfSG erwächst nicht zu einem allgemeinen Notstandsrecht. Dies bedeutet zwar nicht, dass die Anwendung der infektionsschutzrechtlichen Generalklausel und Verordnungsermächtigung in der Corona-Krise keine verfassungs- und insbesondere grundrechtlichen Probleme aufgeworfen hätte. Doch ungeachtet dessen lässt sich festhalten: § 28 Abs. 1 i. V.m. § 32 IfSG ≠ Art. 48 Abs. 2 WRV.

IV. Grundrechte

Die infektionsschutzrechtliche Generalklausel (§ 28 Abs. 1 i. V. m. § 32 IfSG) entfaltet in der Corona-Krise deshalb eine so große soziale und rechtliche „Durchschlagskraft", weil sie grundrechtliche Schutzpflichten umsetzt. Die Pandemiemaßnahmen schützen die Gesundheit und das Leben der Bürger/innen (Art. 2 Abs. 2 S. 1 GG, § 1 IfSG). Dies führt aber zugleich zu umfassenden Beschränkungen von grundrechtlichen Freiheiten. Wir leben in der Corona-Krise also keineswegs in „einem quasi grundrechtsfreien Zustand"[90], sondern es entfaltet sich – ganz im Gegenteil – eine grundrechtlich ungemein aufgeladene gesellschaftliche Dynamik, die uns nur wie ein gesellschaftlicher Stillstand vorkommt. Es entstehen harte verfassungsrechtliche Konflikte zwischen Grundrechtsschutz und Grundrechtsfreiheit, die sich vor allem über den einfachgesetzlichen Katalysator der infektionsschutzrechtlichen Generalklausel entladen.

1. Verhältnismäßigkeit

Diese Konflikte zwischen grundrechtlichem Schutz und grundrechtlicher Freiheit sind durch Abwägung mittels des Verhältnismäßigkeitsgrundsatzes zu lösen.

Auf der einen Seite steht der Schutz von Leben und Gesundheit vor Infektionen und die Gewährleistung der Funktionsfähigkeit unseres Gesundheitssystems (Art. 2 Abs. 2 S. 1 GG, § 1 IfSG),[91] auf der anderen Seite die Freiheitsrechte, die durch einzelne infektionsschutzrechtliche Maßnahmen betroffen sind: die Allgemeine Handlungsfreiheit (Art. 2 Abs. 1 GG) durch die Einschränkung sozialer Kontakte; das Allgemeine Persönlichkeitsrecht (Art. 2 Abs. 1 i. V. m. Art. 1 Abs. 1 GG) durch Isolation oder die Preisgabe von Daten; die Freiheit der Person (Art. 2 Abs. 2 S. 2 GG) durch „Ausgangssperren" sowie infektionsschutzrechtliche Beobachtungs- und Quarantänemaßnahmen; der Allgemeine Gleichheitssatz (Art. 3 Abs. 1 GG) durch die soziale Verkürzung von Bildungschancen; die Religionsfreiheit (Art. 4 Abs. 1 und 2 GG) durch das Verbot von religiösen Zusammenkünften und Gottesdiensten; die Kunstfreiheit (Art. 5 Abs. 3 S. 1 GG) durch die Untersagung von Kino-, Kleinkunst-, Konzert-, Opern- und Theateraufführungen sowie die Schließung von Galerien und Museen; das Recht auf Erziehung und Bildung (Art. 2 Abs. 1 i. V. m. Art. 1 Abs. 1, Art. 5 Abs. 3 S. 1, Art. 6 Abs. 1 und 2, Art. 7 Abs. 1, Art. 12 Abs. 1 GG)[92] durch die Einstellung des Kita-, Schul- und Universitätsbetriebs; die Versammlungsfreiheit (Art. 8 Abs. 1 GG) durch die umfassende Einschränkung des Rechts der gemeinsamen politischen Meinungskundgabe; die Vereinigungsfreiheit (Art. 9 Abs. 1 GG) durch die praktisch vollkommene Untersagung des (analogen) Vereinslebens; die Freizügigkeit (Art. 11 Abs. 1 GG) durch die weitreichende Aufhebung der Mobilität im Bundesgebiet; die Berufsfreiheit (Art. 12 Abs. 1 GG) durch die Schließung von Betrieben, Geschäften und Restaurants; die Unverletzlichkeit der Wohnung (Art. 13 Abs. 1 GG) durch infektionsschutzrechtliche Betretungsrechte; die Eigentumsgarantie (Art. 14 Abs. 1 GG) durch die Stilllegung und Insolvenz von eingerichteten und ausgeübten Gewerbebetrieben; das Asylrecht (Art. 16 Abs. 1 GG) durch die Aussetzung der Entgegennahme von Asylanträgen.

Nun führt die Tatsache, dass bei der Pandemiebekämpfung die Rechtsgüter von Leben und Gesundheit geschützt werden sollen, keineswegs zu einem „What ever it takes", mit dem die Abwägung kollidierender Grundrechte zugunsten des

Gesundheits- und Lebensschutzes bereits beendet ist, bevor sie auch nur begonnen hätte.[93] Zweifellos sind Leben und Gesundheit sehr wichtige Verfassungsgüter. Doch auch sie unterliegen grundsätzlich einem Gesetzesvorbehalt (Art. 2 Abs. 2 S. 3 GG). Dies bedeutet, dass auch sie in eine Abwägung mit anderen Rechtsgütern eingestellt werden können.[94] In der Verfassungsordnung des Grundgesetzes ist allein die Menschenwürdegarantie (Art. 1 Abs. 1 GG) jeder Abwägung mit anderen Verfassungsrechten und Verfassungsgütern entzogen.[95] Deshalb können, dürfen und müssen auch Abwägungen zwischen dem Schutz des Lebens und der Gesundheit der Bürger/innen einerseits und der Gewährleistung grundrechtlicher Freiheiten andererseits in der Corona-Krise vorgenommen werden.

Diese Abwägung erfolgt mittels des Verhältnismäßigkeitsgrundsatzes: Jede Pandemiemaßnahme, die in Freiheitsrechte eingreift, muss hinsichtlich des Schutzes von Leben und Gesundheit geeignet, erforderlich und angemessen sein. Diese Grundstruktur des Verhältnismäßigkeitsprinzips klingt einfach, ist aber in der Realität äußerst kompliziert, weil in der Corona-Pandemie zwei Umstände aufeinandertreffen. Zum einen müssen Gesetzgeber, Regierungen und Verwaltungen unter den Bedingungen des Nichtwissens entscheiden: Es ist unklar, wie schnell sich COVID-19 in der Gesellschaft ausbreiten wird und wie schnell das Gesundheitssystem überfordert ist. Zum anderen müssen Gesetzgeber, Regierungen und Verwaltungen über alle Lebensbereiche gleichzeitig entscheiden: SARS-CoV-2 betrifft den menschlichen Körper. Deshalb ist es in allen Lebensbereichen präsent, was sich auch in der soeben aufgezählten Vielzahl betroffener Grundrechte spiegelt. Es geht also nicht um zweiseitige, und auch nicht um multipolare, sondern um gesamtgesellschaftliche Abwägungen, in denen vielleicht nicht alles, aber doch sehr vieles miteinander zusammen- und voneinander abhängt. So besteht beispielsweise eine Verbindung der Schließung und

Öffnung von Kitas, Schulen und Universitäten, von Betrieben, Geschäften und Restaurants, von Kultureinrichtungen und Events mit dem sinnvollen Einsatz von Virustests, dem Schutz von Risikogruppen, der Zahl der Neuinfektionen und den medizinischen Bettenkapazitäten, um von dem peinlichen Nichteinsatz einer immer wieder verzögerten und zerredeten Tracing-App ganz zu schweigen. Deshalb kommen den staatlichen Akteuren Einschätzungsprärogativen und Gestaltungsspielräume zu, wenn sie auf der Grundlage des Verhältnismäßigkeitsgrundsatzes grundrechtliche Freiheit und gesundheitlichen Schutz miteinander abwägen. Dabei ist wiederum hinsichtlich der Reichweite dieser Einschätzungsprärogativen und Gestaltungsspielräume zwischen dem verfassungsrechtlichen Rahmen und den faktischen Parametern zu differenzieren.

Der verfassungsrechtliche Rahmen dieser staatlichen Einschätzungsprärogativen und Gestaltungsspielräume wird durch den Grundsatz der Gewaltenteilung bestimmt (Art. 20 Abs. 2 S. 2 und Abs. 3 GG): Die unmittelbar demokratisch legitimierten Gesetzgeber – also der Bundestag und die Landtage – verfügen über die weiteste Einschätzungsprärogative und den breitesten Gestaltungsspielraum. Aufgrund des Demokratie- und Rechtsstaatsprinzips (Art. 20 Abs. 2 und 3 GG) sind die Gesetzgeber verpflichtet, die wesentlichen Grundentscheidungen mit Blick auf die Pandemiemaßnahmen[96] und deshalb auch die damit einhergehenden Grundrechtseingriffe zum Gesundheits- und Lebensschutz selbst zu treffen. Sodann können die Bundesregierung, Bundesminister oder Landesregierungen ermächtigt werden, die gesetzgeberischen Grundentscheidungen durch Rechtsverordnung weiter zu konkretisieren (Art. 80 Abs. 1 GG), wobei ihnen *in diesem Rahmen* wiederum Einschätzungsprärogativen und Gestaltungsspielräume zustehen (können). Schließlich bleiben auch auf der Ebene der Anwendung der gesetzgeberischen Regelungen und exekutiven Verordnungen der

1. Verhältnismäßigkeit

Verwaltung über unbestimmte Rechtsbegriffe und die Ermessensausübung Spielräume eröffnet, um eine grundrechtlich verhältnismäßige Entscheidung im Einzelfall zu treffen (§ 40 VwVfG). Dies spiegelt sich auch in der gerichtlichen Kontrolle der getroffenen Maßnahmen: Einerseits respektieren die Gerichte die gesetzgeberischen und administrativen Einschätzungsprärogativen und Gestaltungsspielräume. Andererseits unterwerfen sie diese einer strengen Verhältnismäßigkeitsprüfung, wenn es um die Einschränkung von Grundrechten geht, die – wie beispielweise die Versammlungsfreiheit – nicht nur von zentraler Bedeutung für die Bürger/innen, sondern auch für die Verfassungsordnung insgesamt sind.

In faktischer Hinsicht wird die Ausfüllung der legislativen und exekutiven Einschätzungsprärogativen und Gestaltungsspielräume in der Corona-Krise darüber hinaus durch eine Wissens-, Verhaltens- und Zeitkomponente bestimmt, die sich in der Verhältnismäßigkeitsprüfung niederschlägt. Die Wissenskomponente wird durch das medizinische (Nicht-)Wissen über das SARS-CoV-2-Virus, die unabsehbaren Ansteckungswege, die differenzierten Krankheitsverläufe und die (schwer) bestimmbaren Risikogruppen von COVID-19 geprägt. Dieses (Nicht-)Wissen wirkt sich zugleich auf die (Un-)Sicherheit in der Bewertung der sozialen und wirtschaftlichen Pandemiefolgen aus. Je größer das Nichtwissen um SARS-CoV-2 und COVID 19 sowie um deren soziale und wirtschaftliche Folgen, desto größer sind die legislativen und exekutiven Einschätzungsprärogativen und Gestaltungsspielräume.[97] Die Verhaltenskomponente wird durch die Beachtung von Hygieneregeln und Distanzgeboten im Alltag bestimmt. Wenn die Bürger/innen diese Regeln und Distanzen im Wesentlichen beachten, müssen Gesetzgeber und Verwaltungen dies in die Bewertung der Verhältnismäßigkeit von Freiheitsbeschränkungen einbeziehen. Je mehr Hygieneregeln und Distanzgebote beachtet werden, desto weniger sind Freiheitsbeschränkungen gerechtfertigt. In der Zeitdimension fließen sodann die Wissens- und die Verhaltenskomponente zusammen:[98] Wenn im zeitlichen Verlauf der Pandemie das Wissen um SARS-CoV-2 und COVID-19 und die Beachtung von Verhaltensregeln steigt, schrumpfen tendenziell legislative und exekutive Einschätzungsprärogativen und Gestaltungsspielräume. Oder anders ausgedrückt: Zu Beginn der Krise sind die legislativen und exekutiven Einschätzungsprärogativen und Gestaltungsspielräume größer als in deren weiterem Verlauf. Korrespondierend steigt wiederum die gerichtliche Kontrolldichte mit Blick auf die Verhältnismäßigkeit von Maßnahmen, die zu Beginn der Krise aus Gründen der Gewaltenteilung eher niedrig war, mit dem weiteren Krisenverlauf aber zunimmt. Dementsprechend verdichten sich mit dem Andauern der Pandemie die medizinischen, sozialen und wirtschaftlichen Begründungspflichten des Gesetzgebers und der Verwaltungen, wenn es um die Rechtfertigung von Freiheitsbeschränkungen geht.[99] Im Ergebnis kann dies beispielsweise dazu führen, dass sich Maßnahmen, die zu Beginn der Corona-Krise verhältnismäßig waren, im weiteren Verlauf der Krise als unverhältnismäßig erweisen. Aus diesem Grund sind gerade die grundrechtseinschränkenden Maßnahmen, die auf dem Verordnungswege getroffen werden, von vornherein knapp zu befristen. Aber auch während dieser knappen Fristen trifft alle staatlichen Akteure eine Beobachtungspflicht: Die Maßnahmen sind auch innerhalb der Befristung unmittelbar aufzuheben, wenn sie sich aufgrund einer Veränderung tatsächlicher oder rechtlicher Umstände als unverhältnismäßig erweisen.[100] Die „begleitende Rechtfertigungskontrolle"[101] der Gerichte reflektiert die zeitliche Dynamik des Geschehens und verschafft einer temporalisierten Verhältnismäßigkeit effektive Geltung.

Zusammengefasst kann man sich die Gestaltung und Kontrolle von freiheitsbeschränkenden Maßnahmen in der

1. Verhältnismäßigkeit

Corona-Pandemie wie ein dreidimensionales Modell vorstellen. Die erste Dimension und zugleich Grundlage bildet das Verhältnismäßigkeitsprinzip mit seiner Unterscheidung zwischen der Geeignetheit, Erforderlichkeit und Angemessenheit von Maßnahmen. Die zweite Dimension bildet der Grundsatz der Gewaltenteilung mit seiner arbeitsteiligen Differenzierung zwischen Legislative, Exekutive und Judikative, die den Verhältnismäßigkeitsgrundsatz zur Rechtfertigung und Kontrolle von Freiheitsbeschränkungen anwenden. Die dritte Dimension bilden die faktischen Komponenten, die in Form von Wissen, Verhalten und Zeit die Gestaltung, Ausfüllung, Umsetzung und Kontrolle des Verhältnismäßigkeitsgrundsatzes von freiheitsbeschränkenden Gesetzen, Rechtsverordnungen und Verwaltungsakten bestimmen. Wichtig ist, dass es sich hier nicht um ein starres System, sondern um ein äußerst bewegliches Modell handelt. Diese Beweglichkeit des Modells führt dazu, dass es keine Automatismen gibt: So mögen die gesetzgeberischen und exekutiven Einschätzungsprärogativen und Gestaltungsspielräume im Laufe der Corona-Pandemie abnehmen und die gerichtliche Kontrolldichte für freiheitsbeschränkende Maßnahmen zunehmen. Doch ganz aufgehoben werden die gesetzgeberischen und exekutiven Einschätzungsprärogativen und Gestaltungsspielräume gerade aufgrund der komplexen Abwägungen, die in der Corona-Krise wegen der pandemischen Verbindung aller Lebensbereiche bestehen, nicht. Das bewegliche Modell der Verhältnismäßigkeitsprüfung verspricht auch nicht, dass alles wieder „gut", wie „früher" oder „normal" wird, sondern nur, dass die Freiheitsbeschränkungen in der Corona-Krise so gering wie möglich ausfallen. Es kann nach verhältnismäßigen Lockerungen von Pandemiemaßnahmen auch wieder zu verhältnismäßigen Verschärfungen von Pandemiemaßnahmen kommen. Das Verhältnismäßigkeitsprinzip funktioniert also in der Corona-Krise in beide Richtungen: Lockerung und Verschärfung, aber immer mit seinem Bemühen um einen angemessenen

Ausgleich von grundrechtlicher Freiheit und grundrechtlichem Schutz.

2. Pandemiemaßnahmen

Das Verhältnismäßigkeitsprinzip ist also auch in der Corona-Krise nicht nur ein Prinzip der Differenzierung, sondern auch ein differenziertes Prinzip. Auf der Grundlage des soeben skizzierten Modells entfaltet es seine nach Geeignetheit, Erforderlichkeit und Angemessenheit gestufte Argumentationsstruktur, um Pandemie(bewältigungs)maßnahmen differenziert zu bewerten. Dabei steigert das Verhältnismäßigkeitsprinzip die Komplexität der juristischen Krisenkommunikation von Stufe zu Stufe.

Auf der Stufe der Geeignetheit ist immer danach zu fragen, ob eine Pandemiemaßnahme objektiv in der Lage ist, den von ihr angestrebten Zweck des Schutzes von Leben und Gesundheit zu erreichen. Auf den ersten Blick scheint die Prüfung der Geeignetheit wiederum banaler als sie in der Rechtspraxis ist: Wer käme überhaupt auf die Idee, ungeeignete Maßnahmen zu erlassen? Doch gerade der Beginn einer Corona-Pandemie war nicht nur für die gesamte Gesellschaft, sondern auch für die staatlichen Akteure von einer großen Unsicherheit hinsichtlich der individuellen, sozialen und medizinischen Folgen von SARS-CoV-2 und COVID-19 gekennzeichnet. In dieser Situation sind mit Blick auf die Geeignetheit von Pandemiemaßnahmen zwei Konstellationen aufgetreten: Erstens wurden aufgrund einer überschießenden Innentendenz in der ersten Pandemiephase auch schlicht ungeeignete Maßnahmen angeordnet. Ein Beispiel dafür war die in Berlin verhängte Ausweispflicht, die von vornherein nicht geeignet war, zur Pandemiebekämpfung beizutragen, und deshalb auch wieder schnell aufgehoben wurde.[102] Zwei-

2. Pandemiemaßnahmen

tens kann sich eine Maßnahme, die aufgrund der Einschätzungsprärogative der Gesetz- und Verordnungsgeber bzw. der administrativen Ermessensspielräume zunächst geeignet ist, aufgrund der weiteren Pandemieentwicklung als ungeeignet erweisen. Ein Beispiel hierfür ist das zunächst im Freistaat Bayern bestehende Verbot, länger auf einer Parkbank zu verweilen. Zu Beginn der Pandemie ließ sich dieses Verbot mit Blick auf die Anreizwirkung, Distanzregeln von 1,5 Metern zu unterschreiten, vielleicht (gerade) noch infektionsrechtlich rechtfertigen. Doch spätestens mit der gesellschaftlichen Einübung von Hygieneregeln und Distanzgeboten in den ersten Wochen der Corona-Pandemie war dieses Verbot ungeeignet, zur Vermeidung von Ansteckungsgefahren beizutragen und wurde deshalb auch nicht weiter verfolgt. In der Rückschau scheinen diese beiden Maßnahmen schon fast skurril. Wir können sicher sein, dass „Die Sache mit der Parkbank"[103] im kollektiven Gedächtnis bleiben wird, wenn es einmal um den März und April 2020 geht. Dennoch ist die Geeignetheitsprüfung in der Krise wichtig: Gerade für die Vermeidung von Ansteckungsgefahren kommt es maßgeblich darauf an, dass die Bürger/innen die entsprechenden Regeln nachvollziehen und annehmen können. Insofern bergen ungeeignete Gebote und Verbote die Gefahr, dass geeignete Regeln nicht mehr ernst genommen werden. Deshalb ist bereits die Vermeidung oder jedenfalls die schnelle Aufhebung ungeeigneter Gebote und Verbote nicht nur aufgrund des Verhältnismäßigkeitsprinzips verfassungsrechtlich angezeigt, sondern auch aus Gründen des Infektionsschutzes notwendig.

Auf der Stufe der Erforderlichkeit ist zu fragen, ob es für eine konkrete Pandemiemaßnahme nicht ein milderes, aber gleich wirksames Mittel gibt, um den angestrebten Zweck des Schutzes von Leben und Gesundheit zu erreichen. Ein Beispiel hierfür bilden die Verbote religiöser Zusammenkünfte und Gottesdienste.[104] Diese wurden zu Beginn der

Corona-Krise im März und April 2020 von der Rechtsprechung in der Abwägung der Religionsfreiheit (Art. 4 Abs. 1 und 2 GG) mit dem Lebens- und Gesundheitsschutz (Art. 2 Abs. 2 S. 1 GG) im Eilrechtsschutz nicht beanstandet.[105] In der weiteren Entwicklung des Pandemieverlaufs hat das Bundesverfassungsgericht jedoch ein striktes Verbot ohne Ausnahmemöglichkeit angesichts der Einschränkung der Religionsfreiheit als nicht (mehr) erforderlich und damit unverhältnismäßig angesehen.[106] Diesen Weg eines Gottesdienstverbots mit Ausnahmevorbehalt waren einige Bundesländer von vornherein gegangen, ohne jedoch zunächst von diesen Ausnahmevorbehalten praktisch in größerem Umfang Gebrauch zu machen.[107] Doch unabhängig davon ist mit der gesellschaftlichen Einübung von Hygieneregeln und Distanzgeboten ein kategorisches Verbot mit Blick auf die verfassungsrechtlich in Art. 4 Abs. 1 und 2 GG gewährleistete Glaubens- und Religionsfreiheit nicht mehr erforderlich. Als milderes, aber gleichwirksames Mittel kommen Personenbeschränkungen, Distanz- und Sitzplatzregelungen in geschlossenen Räumen in Betracht, die mit den Glaubens- und Religionsgemeinschaften infektionsschutzrechtlich abgestimmt werden können.[108] Damit wird auch an dieser Stelle deutlich, dass und wie die Erforderlichkeitsprüfung als Teil des Verhältnismäßigkeitsprinzips einzelfallbezogene Lockerungen aus den restriktiven Regelungen ermöglicht, die zu Beginn der Corona-Krise erlassen wurden.

Auf der Stufe der Angemessenheit ist schließlich zu fragen, ob eine Maßnahme, die dem Lebens- und Gesundheitsschutz dient, zu dem eingeschränkten Freiheitsrecht nicht außer Verhältnis steht. Die ganze Komplexität dieser Angemessenheitsprüfung lässt sich am Beispiel der Entscheidung der Wiedereröffnung von Geschäften und Restaurants veranschaulichen. Zu Beginn der Corona-Krise wurden Geschäfte, die nicht der Deckung des alltäglichen Lebensbedarfs dienten, und Restaurants, soweit sie sich nicht auf Takeaway beschränkten, geschlossen. Dies führte nicht nur zu immensen wirtschaftlichen Verlusten, sondern auch in die Insolvenz vieler Unternehmen und zur Vernichtung wirtschaftlicher Existenzen. Dennoch ist ein zeitlich eng befristeter Eingriff der Verordnungsgeber in die Berufs- und Eigentumsfreiheit (Art. 12 Abs. 1, Art. 14 Abs. 1 S. 1 GG) durch den Schutz von Leben und Gesundheit (Art. 2 Abs. 2 S. 1 GG) angemessen und gerechtfertigt.[109] Mit der individuellen und gesellschaftlichen Einübung von Hygieneregeln und Distanzgeboten wird eine Öffnung von Geschäften und Restaurants prinzipiell wieder möglich, soweit zahlenmäßige Zugangsbeschränkungen und der Arbeitsschutz im Einzelfall gewährleistet ist. Insoweit ähneln diese Überlegungen zwar noch sehr den Erwägungen, die soeben die Erforderlichkeitsprüfung im Fall von religiösen Zusammenkünften geprägt haben. Dennoch unterscheidet sich die Wiederermöglichung religiöser Zusammenkünfte ganz entscheidend von der Wiedereröffnung von Geschäften und Restaurants, da mit letzterer zugleich der Publikumsverkehr im öffentlichen Innenstadtraum verbunden ist. Dies bedeutet, dass die Entscheidung über die Öffnung von Geschäften und Restaurants über die Bevölkerung des öffentlichen Innenstadtraums zu einem Anstieg der Infektionszahlen führen kann. Deshalb kommt den Landesregierungen bei der Bewertung der Angemessenheit der Öffnung von Geschäften und Restaurants eine Einschätzungsprärogative zu. Die Ausfüllung dieser Einschätzungsprärogative wird maßgeblich durch drei weitere Gesichtspunkte bestimmt. Erstens durch die Frage, welche weiteren gesellschaftlichen Lebensbereiche neben den Geschäften und Restaurants wieder geöffnet werden sollen (Art. 12 Abs. 1, Art. 14 Abs. 1 GG) und welche Infektionsrisiken hier zu erwarten sind: Sollen daneben beispielsweise Kitas, Schulen und Universitäten wieder geöffnet werden (Art. 2 Abs. 1 i. V. m. Art. 1 Abs. 1, Art. 6 Abs. 1 und 2, Art. 7 Abs. 1, Art. 12 Abs. 1 GG), hängen die Prognosen möglicher Infektionen wiederum insbesondere davon ab, welche Altersklassen zunächst in die Kitas und Schulen zurückkehren. Zweitens durch die Frage, wie besondere Risikogruppen – also insbesondere ältere und vorerkrankte Personen (Art. 2 Abs. 2 S. 1, Art. 3 Abs. 1, Art. 3 Abs. 3 GG) – geschützt werden. Drittens durch die Frage, wie die medizinischen Versorgungskapazitäten hinsichtlich der zu erwartenden Neuinfektionen einzuschätzen sind (Art. 2 Abs. 2 S. 1 GG). Damit wird deutlich, wie komplex die von den Landesregierungen zu treffende Abwägungsentscheidung ist. Es gibt – mit anderen Worten – nicht die eine, sondern eine ganze Vielzahl von verfassungsrechtlich angemessenen Entscheidungen, die von den Landesregierungen politisch getroffenen und verantwortet werden müssen. Aus diesem Grund muss auch die Judikative den Landesregierungen bei dieser multidimensionalen Abwägungsentscheidung einen sehr weitreichenden Einschätzungs- und Gestaltungsspielraum verfassungsrechtlich zubilligen, der nur sehr eingeschränkt gerichtlich überprüfbar ist: faktisch hinsichtlich einer vollkommenen Verkennung der Sachlage, rechtlich bei einer vollkommen offensichtlichen Außerachtlassung und Fehlgewichtung von grundrechtlich geschützten Interessen.[110] Jeder, der nicht in den Anwendungsbereich der Lockerung von Pandemiemaßnahmen fällt, wird indes die Gleichheitsfrage (Art. 3 Abs. 1 GG) stellen:[111] Warum komme ich nicht in den Genuss der Lockerung? Dies führt quasi automatisch zur Dynamik der weiteren gleichheitsrechtlichen Ausdifferenzierung von Lockerungen von Freiheitsbeschränkungen. Dieses Zusammenwirken des Verhältnismäßigkeitsgrundsatzes und des Willkürverbots (Art. 3 Abs. 1 GG) lässt sich am Beispiel der umstrittenen 800-Quadratmeter-Regel für die Öffnung von Geschäften veranschaulichen, die variantenreich von den Ländern im April 2020 angeordnet wurde.[112] Zweck der 800-Quadratmeter-Regel war es, im Rahmen der Geschäftsöffnungen Pull-Effekte in den Innenstädten zu vermeiden, die zu einer Erhöhung des Infektionsrisikos führen können. Dadurch wurden aber unmittelbar Gleichheitsfragen aufge-

2. Pandemiemaßnahmen

worfen: Warum werden einige großflächige Fachgeschäfte – wie beispielsweise der Buchhandel – von der 800-Quadratmeter-Regel ausgenommen?[113] Warum können nicht auch größere Geschäfte in den Innenstädten öffnen, wenn sie sich auf die Öffnung einer Geschäftsfläche von 800 Quadratmetern beschränken?[114] Warum dürfen nicht größere Geschäfte, die außerhalb von Innenstädten liegen, ganz öffnen, wenn sie Hygieneregeln und Distanzgebote gewährleisten können?[115] Diese Aufzählung ließe sich problemlos fortsetzen. Sie zeigt das Verhältnismäßigkeitsprinzip und den Gleichheitssatz bei ihrer freiheitssichernden Arbeit. Die undifferenzierte 800-Quadramter-Regel des bayerischen Verordnungsgebers konnte den Bayerischen Verwaltungsgerichtshof trotz Anerkennung einer exekutiven Einschätzungsprärogative nicht überzeugen.[116] Darauf sollten sich die Gesetzgeber, Regierung und Verwaltung bei der Konzeption der Lockerung von Pandemiemaßnahmen einstellen.[117] Sie müssen sich stets vor Augen halten, welche dynamischen Auswirkungen ihre Entscheidung aufgrund des Verhältnismäßigkeitsprinzips und des Gleichheitssatzes entfalten. Sie können jedenfalls bedingt darauf reagieren, indem sie ihren „Pragmatismus mit Plan"[118] (Gertrude Lübbe-Wolff) von vornherein selbst wiederum differenziert ausgestalten. Sie sind also nicht gut beraten, mit einer quantitativen Pauschalisierung wie der 800-Quadratmeter-Regel zu arbeiten. Vielmehr wäre es überzeugender, sich auf quantitative Differenzierung wie beispielsweise eine bestimmte Personenzahl pro Quadratmeter zu konzentrieren, die sodann für alle Geschäfte gilt.[119] Wie gesagt: Der Verhältnismäßigkeitsgrundsatz erzwingt auch bei Pandemiemaßnahmen Differenzierungen; und er wird dabei durch den Gleichheitssatz und das Willkürverbot ergänzt.

3. Suspendierung von Grundrechten?

Grundrechte können in der Corona-Krise nach Maßgabe des Verhältnismäßigkeitsgrundsatzes eingeschränkt, aber nicht suspendiert werden. Dennoch stand und steht der Vorwurf einer Grundrechtssuspendierung im politischen Raum. Er wird vor allem vor dem Hintergrund erhoben, dass Corona-Verfügungen und Corona-Verordnungen, die zu Beginn der SARS-CoV-2-Pandemie ab März 2020 von den Ländern erlassen wurden, die Versammlungsfreiheit umfassend eingeschränkt haben. So sprechen beispielsweise die Staatsrechtslehrer Florian Meinel und Christoph Möllers unter der Überschrift „Das Recht des Ausnahmezustands ohne Krieg" von „Suspendierungen der Versammlungsfreiheit"[120] in der Bundesrepublik: eine alarmistische Formulierung, verbindet sich doch gemeinhin mit der Suspendierung von Grundrechten und insbesondere der Versammlungsfreiheit bereits ein Hauch von Diktatur.

Allerdings kann von einer Suspendierung der Versammlungsfreiheit in der Corona-Krise keine Rede sein, wenn man darunter – im Anschluss an Art. 48 Abs. 2 S. 2 WRV – die normative Außerkraftsetzung des Art. 8 Abs. 1 GG versteht. In diesem Fall würde das Grundrecht des Art. 8 Abs. 1 GG nicht gelten. Es könnte folglich auch nicht Maßstab für die Corona-Verfügungen und Corona-Verordnungen der Länder sein, die zu Beginn der Corona-Krise umfassend Einschränkungen der Versammlungsfreiheit anordneten. Doch wir haben bereits gesehen, dass auf der Grundlage der infektionsschutzrechtlichen Generalklausel (§ 28 Abs. 1 i. V. m. § 32 IfSG) keine Suspendierung von Grundrechten möglich ist. Darüber hinaus hat die Gerichtsbarkeit die Versammlungsverbote, die in den Corona-Verfügungen und Corona-Verordnungen ausgesprochen wurden, an der verfassungsrechtlichen Gewährleistung der Versammlungsfrei-

3. Suspendierung von Grundrechten? 59

heit gemessen.[121] Die normative Geltung des Art. 8 Abs. 1 GG stand und steht in der Bundesrepublik in der Corona-Krise also nicht in Frage. Es ließe sich allerdings auch daran denken, den Begriff der „Suspendierung" eines Grundrechts faktisch zu verstehen: Die Versammlungsfreiheit gilt zwar normativ, man kann sie aber faktisch nicht ausüben. Doch dies ist in einem Verfassungsstaat wie der Bundesrepublik eine Frage der verfassungskonformen bzw. verfassungswidrigen Einschränkung der Versammlungsfreiheit, nicht aber der Suspendierung dieses Grundrechts. Riskante Formulierungen wie die der „Suspendierungen der Versammlungsfreiheit" tragen also nur zu der (Un-)Kultur des Verdachts eines über uns schwebenden Ausnahmezustands bei. Stattdessen ist es für unsere verfassungsstaatliche Kultur sehr viel wichtiger, die Frage zu beantworten: Waren die Versammlungsverbote in der Corona-Krise verfassungskonform oder verfassungswidrig? Und wenn sie verfassungswidrig sein sollten: Wie hat der Verfassungsstaat darauf reagiert?

Nach Art. 8 Abs. 1 GG haben alle Bürger/innen das Recht, sich ohne Anmeldung und Erlaubnis friedlich und ohne Waffen zu versammeln. Damit schützt Art. 8 Abs. 1 GG „die Freiheit, mit anderen Personen zum Zwecke einer gemeinschaftlichen, auf die Teilhabe an der öffentlichen Meinungsbildung gerichteten Erörterung oder Kundgebung örtlich zusammen zu kommen."[122] Es versteht sich somit von selbst, dass der verfassungsrechtlichen Garantie der Versammlungsfreiheit eine zentrale Bedeutung für jede Demokratie zukommt.[123] Dies gilt erst recht in Krisenzeiten, in denen sie die Grundlage für die gemeinsame und sichtbare Kritik von Bürger/innen an der Staatsgewalt bildet. Allerdings kann die Versammlungsfreiheit auch in der Demokratie eingeschränkt werden: Versammlungen unter freiem Himmel durch oder aufgrund eines Gesetzes (Art. 8 Abs. 2 GG), Versammlungen in geschlossenen Räumen aufgrund von verfassungsimmanenten Schranken, also durch kollidierendes Verfassungsrecht.[124] So können Versammlungen unter freiem Himmel beispielsweise von Auflagen abhängig gemacht, verboten oder aufgelöst werden, wenn die öffentliche Sicherheit und Ordnung bei Durchführung der Versammlung gefährdet ist (§ 15 VersG).

Alle Länder – bis auf die Freie Hansestadt Bremen – haben zu Beginn der SARS-CoV-2-Pandemie auf der Grundlage des Infektionsschutzrechts (§ 28 Abs. 1, § 32 IfSG) in ihren Corona-Verfügungen und Corona-Verordnungen umfassende Versammlungsverbote verhängt, um Infektionen zu verhindern. Dies folgte der Annahme, dass selbst kleine Versammlungen zu großen Versammlungen anwachsen können und damit die Infektionsgefahr steigt. Inzwischen haben die Länder diese Versammlungsverbote wieder relativiert und revidiert. Dennoch lohnt sich ein Blick auf die umfassenden Versammlungsverbote, die zu Beginn der Corona-Krise ab März 2020 erlassen wurden, weil sie ein bleibendes Lehrstück dafür darstellen, wie ein Verfassungsstaat (nicht) auf eine Krise reagieren sollte: Die umfassenden Versammlungsverbote waren verfassungswidrig. Darauf hat auch die Rechtsprechung nach einigen zögerlichen Entscheidungen reagiert. Angesichts der verfassungsrechtlichen Garantie der Versammlungsfreiheit hat sie jedenfalls durchgesetzt, dass eine Versammlung stattfinden kann, wenn angemessene infektionsschutzrechtliche Vorkehrungen getroffen werden. Schauen wir uns dies anhand der drei Modelle an, mit denen zu Beginn der Corona-Krise die Versammlungsfreiheit in den Ländern eingeschränkt wurde: das ausdrückliche Versammlungsverbot, das mittelbare Versammlungsverbot und das repressive Versammlungsverbot mit Befreiungsvorbehalt.[125]

Erstens, das ausdrückliche Versammlungsverbot. Die Länder Brandenburg,[126] Sachsen,[127] Thüringen[128] sowie das Saarland[129] haben zu Beginn der Corona-Krise im März 2020 in ihren Corona-Verfügungen bzw. Corona-Verordnungen Ver-

3. Suspendierung von Grundrechten? 61

sammlungen ausnahmslos untersagt. Diese ausdrücklichen Versammlungsverbote waren unverhältnismäßig und damit verfassungswidrig. Sie waren bereits ungeeignet, soweit sie mit der Begründung des Infektionsschutzes Versammlungen untersagten, die – wie beispielsweise Motorad- oder Autokorsos – keinerlei Infektionsgefahr bergen. Sie waren aber auch schlicht nicht erforderlich, weil das geltende Versammlungsrecht grundsätzlich mildere, aber gleich wirksame Mittel bereithält, um dem Infektionsschutz effektiv Rechnung zu tragen. Versammlungen sind grundsätzlich anzumelden (§ 14 Abs. 1 VersG). Versammlungsveranstaltende und Versammlungsbehörden haben das mit der Anmeldung verbundene Kooperationsgebot verfassungsrechtlich ernst zu nehmen,[130] um die Durchführung von Versammlungen auch in der Corona-Krise zu gewährleisten. Dies ist möglich, wenn über die Zeit- und Ortswahl sowie die Einhaltung von Hygieneregeln und Distanzgeboten ein angemessener Infektionsschutz bei einer Versammlung sichergestellt wird. Zwar bedürfen Spontanversammlungen grundsätzlich keiner Anmeldung.[131] Doch die Corona-Verordnungen hätten insofern auch eine kurzfristige Anzeigepflicht vorsehen können, um bei Spontanversammlungen ebenfalls eine Abstimmung mit den Versammlungsbehörden hinsichtlich der „Corona-Kompatibilität" zu garantieren. Auf diese Weise wird die effektive Wahrnehmung des Art. 8 Abs. 1 GG für Spontanversammlungen ebenfalls gefördert. Um den Infektionsschutz auch effektiv durchzusetzen, steht den Versammlungsbehörden die Möglichkeit zu, Auflagen für eine Versammlung zu erlassen (§ 15 Abs. 1 VersG) oder diese gegebenenfalls zu verbieten (§ 15 Abs. 1 VersG) bzw. aufzulösen (§ 15 Abs. 3 und Abs. 4 VersG).

Zweitens, das mittelbare Versammlungsverbot. Die Länder Hessen,[132] Niedersachsen[133] und Rheinland-Pfalz[134] haben ab März 2020 generelle Aufenthaltsverbote im öffentlichen Raum angeordnet, soweit es sich nicht um Mitglieder eines

Hausstands zuzüglich maximal einer weiteren Person handelte. Damit war mittelbar auch ein Verbot ausgesprochen, sich im öffentlichen Raum zu versammeln, wenn man einmal von den zulässigen „Miniversammlungen" im Sinn eines „politischen Familienspaziergangs" absieht.[135] Die mittelbaren Versammlungsverbote sind aus den gleichen Gründen unverhältnismäßig und verfassungswidrig wie die soeben gewürdigten ausdrücklichen Versammlungsverbote. Dies entspricht auch der Auffassung des Bundesverfassungsgerichts. Es hat in seinem Beschluss vom 15. April 2020 mit Verweis auf die verfassungsrechtliche Garantie der Versammlungsfreiheit (Art. 8 Abs. 1 GG) das mittelbare Versammlungsverbot der hessischen Corona-Verordnung schlicht beiseitegeschoben und auf der infektionssensiblen Anwendung des Versammlungsgesetzes bestanden.[136]

Drittens, das repressive Versammlungsverbot mit Befreiungsvorbehalt. Die Mehrheit der Länder hatte sich zu Beginn der Corona-Krise für ein „repressives Verbot mit Befreiungsvorbehalt"[137] entschieden.[138] Aus verfassungsrechtlicher Perspektive warf das repressive Versammlungsverbot mit Befreiungsvorbehalt zwei grundlegende Probleme auf: Erstens verstieß es gegen den ausdrücklichen Wortlaut des Art. 8 Abs. 1 GG, nach dem alle Bürger/innen das Recht haben, sich ohne Erlaubnis zu versammeln. Zweitens wurde gerade zu Beginn der Corona-Krise keine Versammlungserlaubnis erteilt, sodass es bei den umfassenden Versammlungsverboten blieb. Diese restriktive Handhabung des repressiven Versammlungsverbots mit Befreiungsvorbehalt hat zunächst der Bayerische Verwaltungsgerichtshof mit seinem Beschluss vom 9. April 2020 beanstandet. Den Gegenstand der Entscheidung bildete eine Miniversammlung, die für Versammlungsfreiheit in der Corona-Krise demonstrieren wollte. Der Bayerische Verwaltungsgerichtshof stellte zwar das repressive Versammlungsverbot selbst nicht in Frage, bestand jedoch auf der Prüfung, ob im Rahmen

3. Suspendierung von Grundrechten?

des Befreiungsvorbehalts dem Infektionsschutz nicht durch Auflagen hinsichtlich Personenzahl und Versammlungsort, Hygieneregeln und Distanzgeboten Rechnung getragen werden kann.[139] Auch das Bundesverfassungsgericht mahnte in einem Beschluss vom 14. April 2020 aus Anlass des in Baden-Württemberg geltenden Versammlungsverbots mit Befreiungsvorbehalt an, dass die Versammlungsbehörden ihr Befreiungsermessen auch tatsächlich ausüben und auf die infektionsschutzrechtliche Vertretbarkeit der konkreten Versammlung im Einzelfall eingehen und achten müssen.[140] Die Frage, ob ein repressives Versammlungsverbot mit Befreiungsvorbehalt überhaupt verfassungskonform sein kann, wurde von dem Bundesverfassungsgericht im einstweiligen Rechtsschutz ausdrücklich offengelassen.[141]

Es blieb dem Verwaltungsgericht Hamburg vorbehalten, diese Frage in seinem Beschluss vom 16. April 2020 zu beantworten: Ein repressives Versammlungsverbot mit Befreiungsvorbehalt ist verfassungswidrig. Gegenstand der Entscheidung war eine Demonstration, die unter dem Motto „Abstand statt Notstand – Verwaltungsrechtler*innen gegen die faktische Aussetzung der Versammlungsfreiheit" auf dem Hamburger Rathausmarkt stattfinden sollte. Die Versammlung wurde jedoch auf der Grundlage der Hamburger Variante des repressiven Versammlungsverbots mit Befreiungsvorbehalt untersagt (§ 2 Abs. 1 und § 3 Abs. 2 Hmb. SARS-CoV-2-EindämmungsVO). Das Verwaltungsgericht Hamburg hielt diese Rechtsgrundlage für das Versammlungsverbot im Verfahren des einstweiligen Rechtsschutzes wegen eines Verstoßes gegen die Versammlungsfreiheit (Art. 8 Abs. 1 GG) sowie das Demokratie- und Rechtsstaatsprinzip (Art. 20 Abs. 1-3 GG) für offensichtlich verfassungswidrig:[142] Ein auf dem Verordnungswege verhängtes umfassendes Versammlungsverbot mit Befreiungsmöglichkeit wird dem parlamentarischen Gesetzesvorbehalt nicht gerecht. Über eine so weitgehende Einschränkung der Versammlungsfreiheit darf nicht die Exekutive, sondern muss der Gesetzgeber entscheiden. Darüber hinaus hält das umfassende Versammlungsverbot mit Befreiungsvorbehalt auch nicht der strikten Verhältnismäßigkeitsprüfung stand, die bei so weitgehenden Beschränkungen eines für die Demokratie konstitutiven Grundrechts wie der Versammlungsfreiheit angezeigt ist. In der Abwägung stehen sich mit Leben und Gesundheit (Art. 2 Abs. 2 S. 1 GG) einerseits und der Versammlungsfreiheit (Art. 8 Abs. 1 GG) andererseits zwei hochwertige Verfassungsrechte und -güter gegenüber. Dies rechtfertigt es nach Meinung des Hamburger Verwaltungsgerichts jedoch nicht, das Regel-Ausnahme-Verhältnis im Fall von Versammlungsverboten in verfassungswidriger Weise schlicht umzukehren: Nach Art. 8 Abs. 1 GG sind Versammlungen grundsätzlich erlaubt und können nur ausnahmsweise verboten werden. Demgegenüber werden Versammlungen durch § 2 Abs. 1 und § 3 Abs. 2 Hmb. SARS-CoV-2-EindämmungsVO grundsätzlich verboten und nur ausnahmsweise erlaubt. In diesem Zusammenhang beanstandet das Verwaltungsgericht Hamburg auch die Ausgestaltung des Genehmigungsvorbehalts durch den Hamburger Verordnungsgeber: Es werden unbestimmte Rechtsbegriffe auf der Tatbestandsseite mit der Eröffnung von Ermessen auf der Rechtsfolgenseite kombiniert. Dies erschwert nicht nur die verwaltungsbehördliche Prüfung, sondern auch die gerichtliche Kontrolle des Genehmigungsvorbehalts für Versammlungen. Auf diese Weise sieht sich der Befreiungsvorbehalt „weitgehend seines materiellen Gehalts entkleidet."[143] Dies wird insbesondere auch nicht den hohen Anforderungen gerecht, die an ein Versammlungsverbot zu stellen sind. Insofern genügen weder virologische Vermutungen noch Verdachtsmomente, Zweifel oder Risiken. Vielmehr kann eine Versammlung nur angesichts einer manifesten Gefahr verboten werden. An dieser unverhältnismäßigen Einschränkung der Versammlungsfreiheit ändert nach Auffassung der Verwaltungsrichter/innen auch die Tatsache nichts, dass sie mit der Corona-Verordnung

3. Suspendierung von Grundrechten?

zeitlich beschränkt ist. Vielmehr veranschaulicht die Ausgestaltung der Hamburger Corona-Verordnung eine inkonsistente Bewertung von Verfassungsgütern hinsichtlich der Gesundheitsrisiken im öffentlichen Raum: So bleiben ÖPNV und Taxifahrten als Ausdruck von individueller Mobilität möglich, während die Versammlungsfreiheit untersagt wird. Schließlich unterstreicht das Verwaltungsgericht Hamburg die Möglichkeit, dem Infektionsschutz bei der Durchführung von Versammlungen effektiv Rechnung zu tragen. Dem wurde die Demonstration „Abstand statt Notstand" nach Auffassung der Richter/innen auch durch die Einhaltung von Hygieneregeln und Distanzgeboten, ihre beschränkte zeitliche Dauer sowie die Wahl des Hamburger Rathausmarkts gerecht, der in der Pandemie wenig frequentiert war. Ungeachtet dieser grundsätzlich überzeugenden Entscheidung des Verwaltungsgerichts Hamburg konnte die Versammlung dennoch nicht stattfinden. Sie wurde von dem Hamburgischen Oberverwaltungsgericht kurz vor Versammlungsbeginn mit Verweis auf das Hamburger Bannkreisgesetz untersagt.[144] Dabei ließ sich das Oberverwaltungsgericht nicht den Hinweis nehmen, dass sich das repressive Hamburger Versammlungsverbot mit Befreiungsvorbehalt keineswegs offensichtlich im Hauptsacheverfahren als rechtswidrig erweisen werde.[145] In diesem Zusammenhang werfe – so das Oberverwaltungsgericht – der Rechtsstreit eine Vielzahl von Rechtsfragen auf, die in der Kürze der zur Verfügung stehenden Zeit – der Senat entscheide weniger als eine Stunde vor dem geplanten Versammlungsbeginn – nicht zu beantworten seien. Schade: Freiheitsverlust durch Zeitmangel.

So hat zu Beginn der Corona-Krise nur die Freie Hansestadt Bremen kühlen Kopf mit Blick auf die Versammlungsfreiheit bewahrt, indem sie auf einer infektionsschutzsensiblen Anwendung des Versammlungsgesetzes bestand.[146] Die umfassenden Versammlungsverbote, die in den übrigen Ländern verhängt wurden, waren verfassungswidrig. Angesichts der verfassungsrechtlichen Garantie der Versammlungsfreiheit hat das Bundesverfassungsgericht jedenfalls durchgesetzt, dass eine Versammlung stattfinden kann, wenn angemessene infektionsschutzrechtliche Vorkehrungen getroffen werden. Dies lässt sich über § 14 und § 15 VersG gewährleisten. Art. 8 Abs. 1 GG gilt auch in der Corona-Krise. Die Versammlungsfreiheit wurde nicht suspendiert. Allerdings ist es ab Mai 2020 auch zu teilweise aggressiven Versammlungen gekommen, an denen bis zu 10.000 Menschen vielfach unter bewusster Missachtung der Hygieneregeln und Distanzgebote gegen Pandemiemaßnahmen in deutschen Großstädten protestierten.[147] Versammlungen dienten hier dem „massiven Körpereinsatz" gegen Pandemiebeschränkungen und einen verhassten Staat, von dem sich die Demonstrierenden gleichwohl sicher sein konnten, dass er jederzeit medizinische Versorgung und gegebenenfalls Intensivbetten für sie bereithält. Der abwägende Verfassungsstaat löste diese Versammlungen in vielen Fällen gleichwohl nicht auf, um die Infektionsgefahr dadurch nicht noch weiter zu erhöhen. Im Unterschied zu den Demonstrierenden behält er die Gefährdung der vulnerablen Risikogruppen im Blick. Es bleibt die Einsicht, dass selbst 10.000 Demonstrierende, die sich unter Missachtung von Hygieneregeln und Distanzgeboten versammeln, nicht für die Gesamtbevölkerung, wohl aber für eine Irrationalität repräsentativ sind, die unweigerlich mit Pandemien einherzugehen scheint. Doch auf diese grassierende Aggressivität und die mit ihr steigenden Gesundheitsgefahren reagiert der Verfassungsstaat rational – und zugleich auch mit sozialer Empathie für verletzliche Menschen in der Corona-Pandemie. Deshalb können diese Extremfälle die auch in der Corona-Krise mögliche Inanspruchnahme der Versammlungsfreiheit, die Hygieneregeln und Distanzgebote einhält, nicht in Misskredit bringen.

V. Sozialstaat

Der Sozialstaat wurde unmittelbar mit dem Beginn der SARS-CoV-2-Pandemie aktiv. Der Gesetzgeber reagierte mit Blick auf Arbeitsrecht und Arbeitsschutz, im Miet- und Sozialrecht, mit Wirtschaftsförderung und einem astronomischen Nachtragshaushalt. In der Corona-Krise sehen wir den mit sozialen Einzelmaßnahmen und Maßnahmenbündeln „arbeitenden Staat"[148]. Wir erhalten nun alltäglich Einblicke in den infrastrukturellen Maschinenraum des Sozialstaats: die flächendeckende Gewährleistung eines funktionierenden Gesundheitssystems; und wir müssen unser Leben radikal ändern, um dessen Funktionsfähigkeit zu gewährleisten. Gerade haben wir noch alle die Gesundheitsversorgung wie selbstverständlich vorausgesetzt, ohne auch nur einen Gedanken daran zu verschwenden. Nun zeigt sich in der Corona-Krise plötzlich, dass die Gesundheitsversorgung auf der Kippe stehen kann. Gesundheit und Gesundheitsversorgung werden zu einem individuellen und sozialen Risikofaktor, der sich bis in die Extremsituation der Triage zuspitzen kann.

1. Gesundheitsrisiken und Infrastrukturen

Wenn in Deutschland von sozialen und insbesondere gesundheitlichen Risiken, Systemen und Infrastrukturen die Rede ist, taucht zwangsläufig der Begriff der „Daseinsvorsorge" auf. Auch in der Corona-Krise hat sich dieser Reflex zuverlässig eingestellt. In ihrem bereits erwähnten Artikel „Das Recht des Ausnahmezustands ohne Krieg" beschreiben Florian Meinel und Christoph Möllers die Folgen von

COVID-19 als „Krise der Verwaltung, die nicht mehr ohne weiteres leistet, was Ernst Forsthoff 1938 als Daseinsvorsorge beschrieben hat: die Vorsorge vor kollektiver Panik durch die geräuschlose Abschirmung der Bevölkerung von elementaren Lebensumständen."[149] In dieser Verwaltungskrise schrumpfe – so Meinel und Möllers weiter – die Politik auf ein Epiphänomen. Politische Führung könne es in der Seuchenbekämpfung eigentlich nur noch als administrative Vorsorge geben; und „auch die Bürger scheinen im Augenblick ja ein regelrechtes Bedürfnis nach legaler Unfreiheit zu verspüren: Das Verhalten aus freier Einsicht in die Notwendigkeit zu ändern fällt schwerer als unter Androhung von Strafe." Die beiden Staatsrechtslehrer folgern: „Auch an die Risiken der Pandemie werden wir uns gewöhnen. Gewöhnung und administrative Normalisierung werden ihr übliches modernes Bündnis eingehen."

Auf diese Weise sieht sich die Verwaltungspsychologie Ernst Forsthoffs in der Corona-Krise aktualisiert. Forsthoff ging in seiner Programmschrift „Die Verwaltung als Leistungsträger" von 1938 davon aus, dass die Vorsorge für das menschliche Dasein aus einem Wandel des sozialen Raumverständnisses infolge der industriellen Revolution entsteht:[150] In praktisch allen Lebensbereichen können die Menschen ihre Lebensrisiken nicht mehr selbst tragen, sondern sind auf die Teilhabe an den Strukturen der Daseinsvorsorge angewiesen, die von der Leistungsverwaltung geschaffen werden. Forsthoff begreift diese verwaltungs- und staatsfixierte Daseinsvorsorge – schon begrifflich – als eine existenzielle Sozialphilosophie: Die Menschen tauschen grundrechtliche Freiheit gegen vorsorgende Teilhabe, wobei wiederum Teilhabe und Disziplinierung zwei Seiten der gleichen Medaille der Daseinsvorsorge sind. Nicht nur in diesem Punkt zeigt sich der Einfluss nationalsozialistischer Ideologie auf Forsthoffs verwaltungswissenschaftliche Programmschrift von 1938. Die Verbindung des Einzelnen mit der administrativen

1. Gesundheitsrisiken und Infrastrukturen

„Vorsorgemaschine"[151] ist existenziell so stark, dass die kollektiven Risiken dieser Risikogemeinschaft insgesamt ausgeblendet werden. Anderenfalls müsse – so Forsthoff 1938 – angesichts eines totalen Kriegs Panik ausbrechen, da sich ein totaler Krieg notwendig gegen die Einrichtungen der Daseinsvorsorge richte.[152] Die moderne Gesellschaft und der Verwaltungsstaat bilden also eine Risikogemeinschaft, in dessen uniforme Strukturen sich die Bürger/innen fügen.

Doch lässt sich mit diesem rechtskonservativen Konzept eines politischen Infrastrukturexistenzialismus der Daseinsvorsorge einer disziplinierenden Risikogemeinschaft wirklich die Corona-Krise beschreiben und verstehen? Sicherlich, der Begriff der „Daseinsvorsorge" hat den „Sprung" aus dem Nationalsozialismus in das Verständnis der Bundesrepublik als „Industriegesellschaft" geschafft. Hier diente er weiterhin der parakonstitutionellen Legitimation der Leistungsverwaltung[153] und der Beschreibung von Verwaltungsaufgaben.[154] Doch es ist nicht diese – mehr oder weniger geglückte – Rezeption des Begriffs der „Daseinsvorsorge" in der Bundesrepublik, sondern dessen infrastrukturexistentialistisches Konzept der Risikogemeinschaft, das in der Corona-Krise einmal mehr Konjunktur hat. Forsthoffs skeptische Anthropologie dominiert, wenn den Bürgerinnen und Bürgern ein Bedürfnis nach legaler Unfreiheit unterstellt wird. Bürgerliche Freiheit wird angeblich einmal mehr gegen soziale Teilhabe getauscht. Der Rest soll passive Gewöhnung an die neuen Verhältnisse als Teil der uniformen Risikogemeinschaft sein, die auch angesichts der Pandemie keine Panik aufkommen lässt. Man kann das so sehen.

Doch es öffnen sich eben auch ganz andere Perspektiven, wenn man sich für das Verständnis von sozialen Infrastrukturen einmal von der existenzialistischen Fixierung auf das Jahr 1938 löst und das 19. Jahrhundert in den Blick nimmt. Dann geht es nicht mehr um die Daseinsvorsorge einer panikerstickenden Risikogemeinschaft und ihren disziplinierenden Verwaltungsstaat. Sondern es werden die sozialen Infrastrukturen einer Bürgergesellschaft zum Thema, die sich als Risikogesellschaft in einem demokratischen Wohlfahrtstaat organisiert. Diese sozialliberale Alternative zu dem seit Forsthoff grassierenden Verständnis der Daseinsvorsorge wurde von der Verwaltungswissenschaft in der zweiten Hälfte des 19. Jahrhunderts formuliert, um den Infrastrukturausbau sozial, politisch und rechtlich zu analysieren und zu steuern:[155] In der ersten Hälfte des 19. Jahrhunderts versagt die wohlfahrtsstaatliche Medizinalpolizei bei der Bekämpfung der Cholera. Die von ihr favorisierte Quarantäne verhindert nicht, dass sich die Krankheit weiter ausbreitet. Sie vermehrt vielmehr das menschliche Elend der Eingeschlossenen und beschädigt die Wirtschaft der abgesperrten Städte. Deshalb formulieren ab 1860 – vor dem Hintergrund von Industrialisierung, Urbanisierung und Bevölkerungsexplosion – Naturwissenschaft und Kommunalpolitik gemeinsam in der Hygienebewegung und sodann im Deutschen Verein für öffentliche Gesundheitspflege den infrastrukturellen Paradigmenwechsel: Prävention statt Repression, Infrastrukturen statt Maßnahmen. Krankheiten dürfen nicht erst mit polizeilichen Mitteln unterdrückt, sondern müssen bereits durch den gezielten Aufbau von städtischen Infrastrukturen im Keim erstickt werden. Träger dieses Modernisierungsprozesses sollen gesellschaftliche Akteure und insbesondere die Kommunen, nicht aber der deutsche Obrigkeitsstaat sein. In dieser sozialliberalen Alternative zum staatlichen Infrastrukturaufbau entfaltet sich das politische Erbe der gescheiterten Revolution von 1848, das die Kommunalisierung der urbanen Infrastrukturen bis zum Ersten Weltkrieg prägen wird. Robert von Mohl, Rudolf von Gneist und Lorenz von Stein erkennen schnell, dass sich bürgerliche Freiheit im expandierenden Leistungsstaat nicht mehr durch eine restriktive Staatsaufgabenlehre sichern lässt.[156] Deshalb setzen sie auf Selbstverwaltung als Regelungsansatz für den Infrastrukturausbau, den die Bürgergesellschaft in Vereinen und

1. Gesundheitsrisiken und Infrastrukturen

Kommunen aktiv selbst gestalten soll. Diese Entwicklung führt in den vor allem von der SPD und auch vom Zentrum geprägten Munizipalsozialismus, der die Wasser-, Gas- und Elektrizitätswerke, Krankenversorgung und Krankenhäuser, Schulen und Bildungseinrichtungen, Straßenreinigung, Straßenbeleuchtung und Straßenbahnen, Müllabfuhr, Kanalisation und Schlachthöfe organisiert. Erst auf der Grundlage dieser Infrastrukturstabilität reagiert sodann wiederum der „Vater des deutschen Verwaltungsrechts" Otto Mayer mit dem Regulierungsansatz für ein liberales Infrastrukturrecht:[157] Der Staat garantiert zwar die lebenswichtigen Infrastrukturen für die Bürger/innen, deren Betrieb aber auch auf Private übertragen werden kann.

Gerade vor dem Hintergrund der Corona-Krise ist es wichtig, sich noch einmal diese Entwicklung vor Augen zu führen. Sie zeigt uns erstens, wie viele alltägliche soziale Infrastrukturen, die unsere Gesellschaft zusammenhalten, ihren Ursprung in der Infektionsbekämpfung haben. Sie veranschaulicht zweitens, dass diese sozialen Infrastrukturen in einer sozialliberalen Tradition als öffentliche Güter einer aktiven Bürgergesellschaft in einem demokratischen Verfassungsstaat verstanden werden müssen: Es geht für die Bürger/innen nicht darum, grundrechtliche Freiheit gegen daseinsvorsorgende Teilhabe zu tauschen, sondern sich in der sozialen Teilhabe an öffentlichen Gütern frei zu entfalten. Georg Wilhelm Friedrich Hegel, der 1831 laut ärztlicher Diagnose „an der intensivsten Cholera"[158] gestorben ist, hat in seinen „Grundlinien" (1821) den Zusammenhang zwischen staatlicher Vorsorge, individueller Freiheit und Infrastrukturen in der bürgerlichen Gesellschaft beschrieben: „Die polizeiliche Aufsicht und Vorsorge hat den Zweck, das Individuum mit der allgemeinen Möglichkeit zu vermitteln, die zur Erreichung der individuellen Zwecke vorhanden ist. Sie hat für Straßenbeleuchtung, Brückenbau, Taxation der täglichen Bedürfnisse sowie für die Gesundheit Sorge zu tragen."[159]

Doch tragen wir angemessen Sorge für gesundheitliche Risiken, indem wir soziale und gesundheitliche Infrastrukturen vorhalten? Daran kann man zweifeln. Nichts zeigt dies deutlicher als unser Umgang mit der Risikoanalyse „Pandemie durch Virus Modi-SARS"[160] aus dem Jahr 2012, in dem die Beschreibung der aktuellen Pandemie gerade auch mit Blick auf die Gefährdung des Gesundheitssystems „vorweggenommen" wurde. Wir alle konnten diese Risikoanalyse seit Jahren mit einem Klick über jede Internetsuchmaschine als Bundestags-Drucksache aufrufen. Doch wir haben sie nicht gelesen, und lesen sie nun heute umso fassungsloser. Die Risikoanalyse „Pandemie durch Virus Modi-SARS" wurde gesellschaftlich schlicht ignoriert. Politisch wurde sie „zur Kenntnis" genommen und administrativ abgeheftet. In der Sache blieb sie weitgehend folgenlos.[161] Hierin liegt aber keineswegs ein politischer Skandal.[162] Aus der Perspektive des Jahres 2012 und 2013 handelt es sich bei der Risikoanalyse „Pandemie durch Virus Modi-SARS" nur um eine unter vielen sicherheits- und gesundheitsbezogenen, ökonomischen und ökologischen Risikoanalysen. Erst aus der Rückschau des Jahres 2020 wird „Pandemie durch Virus Modi-SARS" natürlich zu „der" Risikoanalyse per se. Udo Di Fabio hat in diesem Zusammenhang zu Beginn der Corona-Krise vollkommen zu Recht darauf hingewiesen, dass selbst ein wohlhabender Staat wie die Bundesrepublik nicht in allen Lebensbereichen ein Optimum an Risikovorsorge garantieren kann, wohl aber eine institutionelle und organisatorische Grundausstattung der sozialen Infrastruktur und öffentlichen Güter gewährleisten muss.[163] Gerade weil die Bundesrepublik dem „Ideal der ‚sozialen Demokratie' in den Formen des Rechtsstaates'"[164] folgt, ist es nicht nur die Aufgabe des demokratisch legitimierten Gesetzgebers, sondern auch einer aktiven Bürgergesellschaft, die sozialen Infrastrukturen zu gewährleisten und öffentliche Güter zu pflegen, die eine resiliente Risikogesellschaft zusammenhalten.[165] Was dies für den Sozialstaat in der Corona-Krise bedeutet, gilt es nun mit Blick auf die Triage und die Impfpflicht sowie den Immunitätsnachweis zu diskutieren.

2. Triage

„Der Schutz der Bevölkerung vor dem Risiko der Erkrankung ist in der sozialstaatlichen Ordnung des Grundgesetzes eine Kernaufgabe des Staates."[166] Weil das so ist, ist die gesundheitssichernde Infrastruktur Teil der Infrastruktur des Sozialstaats. Den Sozialstaat trifft somit auch die Pflicht, der Entstehung von Krankheiten entgegenzuwirken (Prävention), etwa durch die Verhütung der Übertragung von Infektionskrankheiten. Lorenz von Stein, einer der Vordenker des modernen Sozialstaats,[167] hat nicht ohne Grund einen Band seines Hauptwerks „Verwaltungslehre" dem öffentlichen Gesundheitswesen gewidmet, mit Ausführungen zum Seuchen- und Impfwesen und einem Abschnitt zum Thema „Die Epidemien und ihr Recht".[168] Die Grenze zwischen der Verhütung und der Bekämpfung übertragbarer Krankheiten ist fließend.[169] Denn aufgrund der Dynamik des Infektionsgeschehens ist auch in der Corona-Krise nicht immer klar, ob die Prävention sich nur auf noch nicht mit SARS-CoV-2-Infizierte bzw. an COVID-19-Erkrankte bezieht oder ob es, möglicherweise unerkannt, bereits Infizierte oder Erkrankte sind, an die Schutzmaßnahmen adressiert werden.[170] Auch die im Infektionsschutzgesetz „Bekämpfung übertragbarer Krankheiten"[171] genannte Aufgabendimension hat also, etwas indirekter, eine präventive Zielrichtung, die das Infektionsschutzgesetz in Gänze prägt (vgl. § 1 Abs. 1 IfSG). Ein Impfstoff würde Schutzimpfungen ermöglichen, die regelmäßig das ideale Mittel präventiven Infektionsschutzes sind. Reicht es, auf freiwillig in Anspruch genommene Impfungen zu setzen oder ist eine Pflicht zur Impfung gegen SARS-CoV-2 geboten? Und welche Probleme stellen sich, solange ein Impfstoff fehlt oder nicht für alle, die ihn benötigen, verfügbar ist? Da bislang ein Medikament fehlt, das an COVID-19 Erkrankte heilen kann, lässt sich der freilich auch für künftige Pandemien aufgrund anderer Viren relevant bleibenden Frage nicht ausweichen, wie mit den begrenzten intensivmedizinischen Ressourcen umgegangen werden soll, wenn COVID-19 Erkrankte zur selben Zeit um nur ein „Intensivbett" konkurrieren und das Problem der Verteilungsgerechtigkeit im Gesundheitswesen am eigenen Leibe erleben.

Ferda Ataman twitterte am 23. März 2020: „Ich habe irgendwie eine Ahnung, welche Bevölkerungsgruppen in Krankenhäusern zuerst behandelt werden, wenn die Beatmungsgeräte knapp werden."[172] Ein Sturm der Entrüstung brach über sie herein. Es half ihr nicht viel, dass sie einen Tag später ergänzte: „Mir liegt es fern, die großartige Arbeit von Ärzt*innen und Pfleger*innen unter Generalverdacht zu stellen. Doch viele Menschen aus Einwandererfamilien treibt die Angst vor Rassismus um, auch in der Corona-Krise. Sie denken darüber nach, welche Folgen institutioneller Rassismus in einem drohenden Ausnahmezustand haben kann. Darauf wollte ich hinweisen. Ich bedaure, wenn das missverstanden wurde."[173] Wer die seitdem über das Thema „Triage" geführte Diskussion verfolgt hat, konnte den Eindruck haben, mit ihrer Provokation habe Ferda Ataman nicht ganz falsch gelegen.[174] Allerdings weniger, weil Menschen mit Migrationshintergrund triagiert werden sollen, sondern weil sich bei vielen alten Menschen und Menschen mit Behinderungen – ganz unabhängig von gegebener oder fehlender Migrationsgeschichte – der Eindruck einstellen konnte, dass sie beim denkbaren Kampf ums letzte Intensivbett auf verkappte Weise ins Hintertreffen geraten könnten.

Die Frage, wer, sollten die intensivmedizinischen Versorgungskapazitäten („Intensivbetten") nicht ausreichen, an das einzige noch verfügbare Beatmungsgerät angeschlossen wird, ist nicht nur in der Corona-Krise relevant, aber in der Krise wird ihre Brisanz besonders deutlich. Die Vielzahl der freiheitsbeschränkenden Maßnahmen, die zur Krisenbewältigung ins Werk gesetzt wurden, hatten zunächst den Sinn, durch eine Reduzierung der Neuinfektionen („flatten the curve") die Zahl der schwer Erkrankten gering zu halten, um so möglichst für alle, die es benötigen, ein Intensivbett zur Verfügung zu haben. Die Maßnahme wäre nicht nötig gewesen, wenn die Kapazitäten den vermuteten Bedarf gedeckt hätten. Vor der Corona-Krise gab es in Deutschland bundesweit ca. 28.000 Intensivbetten, davon ca. 20.000 mit Beatmungsmöglichkeit (diese waren durchschnittlich mit einer Quote von 70-80 % belegt). Ab Mitte März 2020 konnte die Zahl der Intensivbetten auf ca. 40.000 und die der Beatmungsplätze auf ca. 30.000 gesteigert werden.[175] In der Corona-Krise wurde zunächst freiwillig, dann gesetzlich verpflichtend ein im Wesentlichen von der Deutschen Interdisziplinären Vereinigung für Intensiv- und Notfallmedizin (DIVI) initiiertes „DIVI IntensivRegister"[176] zum wichtigsten Instrument, um intensivmedizinische Behandlungskapazitäten abzufragen; und zwar Intensivbetten mit nicht-invasiver Beatmungsmöglichkeit (ICU low care), mit invasiver Beatmungsmöglichkeit (ICU high care) und mit zusätzlicher extrakorporaler Membranoxygenierung (ECMO).[177] So – durch tagesaktuelle Meldungen über die behandelten SARS-CoV-2-Patientinnen und -Patienten und die Möglichkeit einer rechtzeitigen Verlegung – ist die Wahrscheinlichkeit der Triage reduziert worden. Bislang ist kein Fall der Triage in der Corona-Krise bekannt geworden. Die Debatte über das Ob und Wie der Triage konnte gleichwohl nicht verwundern, denn wo soziale Infrastruktur knapp zu werden droht, gerät auch das Anerkennungsversprechen des Sozialstaats unter Druck.

Das Thema „Triage" ist ein Unterfall des Problemfelds, das mit den Stichworten „Rationierung" und „Priorisierung" umschrieben wird. Rationierung und Priorisierung verbindet, dass es um eine vollständige oder zeitweilige Vorenthaltung von Behandlungsleistungen (einschließlich der Güter [z. B. Arzneimittel], die verwendet werden) zulasten von Menschen geht, deren Krankheit an sich behandelt werden könnte.[178] Priorisierung ist gewissermaßen eine temporalisierte Rationierung, die nicht vollständig, aber durch gezielte Verspätung rationiert. Direkt fällt Rationierung aus, wenn sie in einer konkreten Arzt-Patienten-Behandlungsbeziehung erfolgt. Sie ist indirekt, wenn sie in deren Vorfeld angesiedelt ist, also nicht die Mikroebene berührt, sondern die oberste Ebene der Allokationsentscheidungen, auf der darüber befunden wird (etwa durch die Höhe des Beitragssatzes oder der Summe staatlicher Zuschüsse), wie viel Geld insbesondere der gesetzlichen Krankenversicherung, der ca. 90 % der Bevölkerung angehören, überhaupt zur Verfügung steht (Makroebene) und wie sich das Geld auf die einzelnen Versorgungssektoren verteilt bzw. in ihnen aufgeteilt wird (Mesoebene). Gerade hier zeigt sich, dass das sozialstaatliche Gesundheitssystem ein „Knappheitsverteilungssystem"[179] ist. Denn aufgrund der fiskalischen Restriktionen auf der Ebene der Makroallokation – das Geld für das Gesundheitssystem konkurriert mit anderen volkswirtschaftlich relevanten Bedarfen – sind nie alle wünschbaren Ressourcen unbegrenzt verfügbar. Explizit ist die Rationierung, wenn Leistungen offen, etwa infolge einer gesetzgeberischen Entscheidung, nicht gewährt werden (etwa bei bestimmten Arzneimitteln). Implizit bzw. „still" fällt die Rationierung aus, wenn die Vorenthaltung stillschweigend bzw. in transparenzminimierender Weise geschieht, etwa durch nur dem Leistungserbringer bekannte finanzielle Budgets oder informelle Wartelisten. Die Vorenthaltung von intensivmedizinischen Behandlungskapazitäten in einer konkreten Behandlungsbeziehung ist eine direkte Rationierung. Ob sie explizit oder implizit ausfällt, hängt davon ab, wie offen die Vorenthaltung praktiziert und kommuniziert wird.

2. Triage

Charakteristisch für die Knappheitsproblematik von Triage-Situationen sind Massenanfälle von Verletzten, insbesondere bei Katastrophenfällen, in denen zu wenig Personal mit zu wenig Behandlungsressourcen in wenigen Augenblicken bestimmen soll, welche Verletzten vor- und nachrangig nach dem Schweregrad ihrer Traumatisierung wie schnell (keine) Hilfe erhalten. Auch eine Pandemie kann in diesem Sinne ein Katastrophenfall sein.[180] Die Knappheitsproblematik der Rationierung, der Fall „absoluter Mittelknappheit in der Medizin"[181] zulasten einer Person oder Personengruppe, wird zugespitzt. Das Besondere der Triage-Situation ist die relative Unvorhersehbarkeit des Katastrophenfalls. Die große Unbekannte ist das Ausmaß der Katastrophe und die Schnelligkeit, mit der sie eintritt bzw. sich verschlimmert. Die Corona-Krise als „Naturkatastrophe in Zeitlupe" (Christian Drosten) bzw. latent drohende „Explosion" (Alexander Kékulé) ließ immerhin noch Zeit, darüber nachzudenken, ob triagiert werden darf und, wenn ja, nach welchen Kriterien.

Die Vorenthaltung von Gesundheitsleistungen, etwa der intensivmedizinischen Versorgung von COVID-19-Patienten, kann aus ganz unterschiedlichen Gründen erfolgen. Meist geht es um vermeintlich rein medizinische Kriterien wie Dringlichkeit und Erfolgsaussicht. Sie sind nur vorgeblich rein medizinisch, weil sie in Wahrheit von – in der medizinischen Praxis meist nicht explizit thematisierten – (Be-)Wertungen zumindest mitgeprägt sind. Die Erfolgsaussicht befasst sich mit der Frage, wie sehr, sofern eine effektive Behandlung überhaupt noch möglich ist, der Gesundheitszustand des Patienten verbessert werden kann.[182] Es geht hierbei um Prognosen zur Überlebenschance, aber zugleich auch um Prognosen zur erreichbaren Lebensqualität.[183] Was die Lebensqualität ist, die den Einsatz knapper Mittel rechtfertigen *soll*, ist ersichtlich keine deskriptive, sondern eine normativ-wertende Frage. Der rein medizinisch klingende Begriff der „medizinischen Indikation" hat daher, wie der

Bundesgerichtshof zu Recht betont, auch wertende Anteile.[184] Er kann so zu einer Art Wundertüte im ärztlich gesteuerten Behandlungsgeschehen werden, wenn die Wertungen über das, was richtigerweise als hohe Lebensqualität gilt, für die sich der Einsatz knapper Mittel lohnt, nicht hinreichend deutlich werden. Die Problematik gilt auch für das Kriterium der Dringlichkeit. Hier wird nach dem Grad der Gefahr für das bedrohte Gut „Leben" gefragt.[185] Das ist zwar im Ansatz ebenfalls eine auf medizinischer Expertise beruhende Einschätzung. Problematisch ist aber, wie verlässlich anhand welcher expliziten oder impliziten Kriterien der Dringlichkeitsgrad festgestellt wird und diese Feststellung wirklich von Annahmen über die Lebensqualität freigehalten – und damit trennscharf vom Kriterium der Erfolgsaussicht abgegrenzt – werden kann.[186]

Wie würde wohl das Ergebnis aussehen, wenn zu entscheiden wäre, ob eine schwer an COVID-19 erkrankte 16-jährige Person mit guter Allgemeinverfassung oder eine zeitgleich in der Intensivstation eingetroffene ebenfalls an COVID-19 erkrankte 65-jährige Person mit eher mäßiger Konstitution das letzte Intensivbett erhalten soll? Die Gefahr, dass die vorgeblich rein medizinische Einschätzung normativ eingetrübt ist, lässt sich bereits beim Kriterium der Dringlichkeit nicht von der Hand weisen. Beim Kriterium „Erfolgsaussicht" ist die Gefahr ohnehin gegeben. Denn wie kann man garantieren, dass in kürzester Zeit – letztlich in einer Mischung aus klinischer Erfahrung und professionalisiertem Bauchgefühl – verlässlich festgestellt wird, dass die Erfolgsaussichten der Beatmung einer 65-jährigen Person aufgrund ihres mutmaßlich altersgemäß multimorbiden Zustands eine geringere Erfolgsaussicht hat als die Beatmung der 16-jährigen Person? Das Problem dürfte also weniger die explizite Vorenthaltung des Intensivbetts zulasten einer Person sein, für die ebenso wie für die mit ihr konkurrierende kranke Person festgestellt wurde, dass die Beatmung in Frage kommt. Der

2. Triage

Kern des Problems liegt vorgängig darin, dass auf die Ermittlung des Patientenzustands implizite Bewertungen bzw. Kriterien einwirken, denen solche impliziten Bewertungen immanent sind. Vermeintlich rein faktisch lässt sich der Zustand einer alten Person von vornherein so beschreiben, dass das Intensivbett an die Person mit den besseren Aussichten, die jüngere Person, geht. Altersdiskriminierende[187] oder auf schwere Behinderung bezogene Stereotype, die mindestens als unconscious bias wirken können, liegen nicht fern, wie aus der Forschung zu rassistischer oder geschlechterbezogener Diskriminierung bekannt ist. Diskriminierung kommt eben häufig nicht offen daher und ist, wenn sie vermutet oder entdeckt wird, natürlich „nicht so gemeint", was an ihrer hintergründigen Wirksamkeit nichts ändert. Um Missverständnisse zu vermeiden: Es geht um eine denkbare Gefahr, ohne unterstellen zu wollen – wogegen auch die bisherigen Erfahrungen in der Corona-Krise sprechen –, dass im Fall des Falles Ärztinnen und Ärzte so agieren würden. Aber bei realistischer Betrachtung lässt es sich auch in der Corona-Krise nicht ausschließen, dass Alte und Behinderte begründet fürchten müssen, der Satz „Gleichheit ist angstloses Anderssseindürfen für alle"[188] gelte womöglich nicht für alle. Wir alle haben offenbar, auch wenn wir es uns nicht eingestehen, „eine Art Triage im Kopf"[189].

Wenn medizinische Fachgesellschaften in der Corona-Krise betont haben, neben den vermeintlich rein medizinischen Schweregraden einer Erkrankung müssten Vorbelastungen („Komorbiditäten") und der gegebenenfalls gebrechliche Allgemeinzustand berücksichtigt werden,[190] dann liegt die Frage nah, wieso das so sein *soll*. Wieso *sollen* Menschen mit bestimmten Vorerkrankungen weniger aufwändig behandelt werden? Wieso *soll* – wie es die COVID-19-Triage-Richtlinien in der Schweiz vorsehen[191] – eine onkologische Erkrankung mit einer Lebenserwartung von weniger als 12 Monaten von vornherein den Zugang zur rettenden Beatmung verschließen? Dahinter keine verkappten Urteile über den Lebenswert zu vermuten, fällt schwer, auch wenn dies Ärztinnen und Ärzte aus verständlichen psychohygienischen Gründen bestreiten. Ärztlicherseits ist ein derartiges Vorgehen als Konsequenz eines utilitaristischen Denkens gelobt worden, das gleichsam alternativlos sei, wenn – immerhin das wurde konzediert – „die deontologischen Werte im Hinterkopf"[192] präsent blieben. Aber was bleibt von vorgeblich unabwägbaren Werten übrig, wenn aus strafrechtlicher Sicht betont wird, in der Situation der Triage bei Ex-ante-Konkurrenz (ein Beatmungsplatz soll einer von zwei Personen zugeteilt werden), handele es sich um einen Fall der rechtfertigenden Pflichtenkollision, bei der es auf die Motive, warum der eine und nicht die andere ausgewählt wurde, nicht ankomme?[193] Alle die Auflösung der Kollision möglicherweise beeinflussenden Faktoren – außer dem Faktum der Kollision selbst – werden hier ausgeblendet.

Und was bleibt von den „deontologischen Werten im Hinterkopf" übrig bei der sog. Triage in der Ex-post-Konkurrenz (ein schon Beatmeter soll für einen noch Nichtbeatmeten abgehängt werden)? In der Ad-hoc-Stellungnahme des Deutschen Ethikrates heißt es dazu (in Abgrenzung zur Triage bei Ex-ante-Konkurrenz): „Solche Entscheidungen sind erheblich problematischer. Hier können Grenzsituationen entstehen, die für das behandelnde Personal seelisch kaum zu bewältigen sind. Wer in einer solchen Lage eine Gewissensentscheidung trifft, die ethisch begründbar ist und transparenten – etwa von medizinischen Fachgesellschaften aufgestellten – Kriterien folgt, kann im Fall einer möglichen (straf-)rechtlichen Aufarbeitung des Geschehens mit einer entschuldigenden Nachsicht der Rechtsordnung rechnen."[194] Es wird schwerkranke Menschen oder Menschen mit Behinderungen nicht beruhigen, dass sie kraft einer „Gewissensentscheidung", die weniger die ärztliche Selbstvergewisserung über Gut und Böse, als die (nachvollziehbare)

2. Triage

berufliche Überforderung zu reflektieren scheint, um ihre Überlebenschance gebracht werden können. Keine Beruhigung aus Sicht vulnerabler Menschen ist auch die Idee einer Verlaufstriage, die mindestens alle 48 Stunden die Erfolgsaussicht überprüft,[195] denn an der Grundproblematik ändert sich nichts. Sie wird durch die rasante Temporalisierung der Triageprüfung eher noch verschärft, weil sich ein Patient nur „auf Probe" behandelt sieht und der „Bestandsschutz" am einmal ergatterten Intensivbett nicht groß ist. Vollends beunruhigend ist der Vorschlag, alte, multimorbide Menschen sollten doch angesichts der Corona-Krise erwägen, ob sie ihre Patientenverfügung wegen einer drohenden COVID-19-Lungenentzündung, die typischerweise mit schlechten Überlebenschancen einhergeht, nicht explizit um den Verzicht auf den Beatmungsplatz ergänzen.[196] Ein Vorschlag, der die Debatte über subtile soziale Pressionen, denen sich insbesondere alte Menschen gerade am Lebensende ausgesetzt sehen können,[197] ausblendet und zudem die Patientenverfügung als Kurzzeit-Steuerungsinstrument der Corona-Krise missversteht. Die rhetorische Frage „Würden die Betroffenen selbst den Versuch einer Intensiv- und Beatmungstherapie überhaupt wünschen?"[198] wird schließlich noch zum Vehikel, um, fehlt es an einer aussagekräftigen Patientenverfügung, mithilfe des mutmaßlichen Willens zum selben Resultat – Verzicht auf das Intensivbett bzw. den Beatmungsplatz – zu gelangen. Dass angesichts eines solchen Diskussionsverlaufs, der alte Menschen – auf welchem Wege auch immer – tendenziell als sterbeaffinen Ballast empfindet, vom „Senizid" im Seuchenfall[199] die Rede ist, erscheint zwar übertrieben, zeigt aber, welche existenziellen Sorgen im Spiel sind.

Was ist von all dem zu halten? Je häufiger in einer Debatte – wie in der durch die Corona-Krise ausgelösten Triage-Debatte – Vokabeln wie „dramatisch", „tragisch" oder „Gewissensentscheidung" zu vernehmen sind, desto mehr Skepsis ist geboten. Diese Signalwörter weisen den Weg in die Sackgasse eines existenzialistischen Dezisionismus der Tat, der angeblich alternativlos ist und am Ende den individuell Verantwortlichen – in erster Linie den Ärztinnen und Ärzten in den Intensivstationen – alles Konkrete zuschiebt und ihnen das scheinbar Unausweichliche mit moralisch entlastenden Konstrukten erträglich macht. Verbreitet ist die Rede von der unvermeidlichen „Schuldverstrickung". Das ist die Stimmung des Feldlazaretts direkt hinter der Front. Sie bestätigt ungewollt all jene, die die Corona-Krise mit Kriegsmetaphern zu begreifen suchen. Politisch Verantwortliche können sich auf diese Weise leicht ihrer Verantwortung für die überindividuellen Strukturen der Problemvermeidung entledigen, indem sie behaupten, letztlich könne die Zuteilung von Beatmungsgeräten nur im Einzelfall entschieden werden. Das ist richtig, soweit es um behandlungsbezogenes, spezifisch medizinisches Wissen geht, aber nicht, soweit es um die Verfügbarkeit von Intensivbetten als Möglichkeitsbedingung ärztlichen Entscheidens geht, und ebenfalls nicht, soweit es um die generellen Bewertungskriterien der Triage geht, die im Einzelfall zu beachten sind.

Im Unterschied zu Unrechtsstaaten zeichnet sich ein Rechtsstaat dadurch aus, dass er Menschen vor Situationen bewahrt, in denen moralische Überforderung und ethischer Heroismus kaum noch zu unterscheiden sind. Es braucht also einen Sozialstaat, der strukturelle Defizite gerade nicht auf den guten Willen derer abwälzt, die unter Extrembedingungen schnelle Behandlungsentscheidungen treffen müssen. Er muss vielmehr die tatsächlichen Voraussetzungen, und zwar vorausschauend und dauerhaft dafür schaffen, dass es gar nicht erst zu einer Überstrapazierung des guten Willens kommt, also zu Diskursen und Praktiken, die um Tragik, Dramatik und Gewissen kreisen. Das ist ein Gebot der grundrechtlichen Schutzpflicht aus Art. 2 Abs. 2 S. 1 GG und des Sozialstaatsprinzips gleichermaßen. So kann die zu Recht vom Deutschen Ethikrat betonte Lebenswertindifferenz[200] – also der gleiche Wert auch versehrten Lebens – effektiv werden, in der sich der Schutz des Lebens der individuellen Person mit dem Verbot der (indirekten) Diskriminierung nach Behinderung und Alter – und selbstverständlich auch nach anderen verpönten Merkmale (vgl. Art. 3 Abs. 3 S. 1 GG) – verbindet. Es mag bedauerlich sein, dass erst in der akuten Krise verlässlich erhoben wurde, wie viele „Intensivbetten" bzw. Beatmungsplätze zur Verfügung stehen. Und doch ist dieser logistische Problemzugriff gegenüber einer Fokussierung auf die individualethische Entscheidungskompetenz der Ärztinnen und Ärzte vorzugswürdig. Knappheitsprobleme sind politisch gestaltbar. Das setzt allerdings voraus, dass Triage-Situationen als zutiefst normative Fragen, die im Sinne der Rechtsprechung des Bundesverfassungsgerichts „wesentlich" sind,[201] ernstgenommen werden. Sie dürfen nicht ad hoc entschieden werden, sondern bedürfen parlamentsgesetzlicher Legitimation.[202] Wer Auswahlentscheidungen nach Erfolgsaussicht und Dringlichkeit wünscht, muss die hinter der Fassade scheinbar rein medizinischer Faktizität versteckten Wertungen offen thematisieren.[203] Bis die relevanten Kriterien der Zuteilung von Überlebenschancen durch Zugang zu Intensivbetten bzw. Beatmungsplätzen gesetzlich normiert sind, können die Handreichungen medizinischer Fachgesellschaften oder auch die Ad-hoc-Empfehlung des Deutschen Ethikrats, die im Ergebnis alle Ärztinnen und Ärzte bei Beachtung eines großzügigen Vertretbarkeitsmaßstabs exkulpieren, nur Notlösungen sein, die Staatsanwältinnen und Staatsanwälten im Fall des Falles helfen, ein Ermittlungsverfahren schnell einzustellen. Die normative Not selbst beheben sie nur vordergründig.

3. Impfpflicht und Immunitätsnachweis

Gäbe es einen in genügender Menge verfügbaren Impfstoff gegen SARS-CoV-2, wären die Corona-Krise und jede Debatte über Triage vermutlich schnell vorbei. So hat, noch bevor ein Impfstoff in Reichweite ist, eine Diskussion darüber begonnen, ob eine Impfpflicht nötig sein könnte, um Menschen dazu zu bringen, sich gegen die Infektion mit SARS-CoV-2 impfen zu lassen. Zwar wird, u.a. vom Präsidenten des Robert Koch-Instituts betont, es gebe „keinen Anlass, an eine Impfpflicht zu denken",[204] aber das Thema ist öffentlich präsent. Eine Impfpflicht lässt sich auf dreifache Weise realisieren: erstens durch die Nutzung einer Rechtsverordnungsermächtigung im IfSG (§ 20 Abs. 6 und 7 IfSG), zweitens durch ein spezielles Gesetz, das ähnlich wie für die Masernschutzimpfung (§ 20 Abs. 8 ff. IfSG), eine spezialgesetzliche Grundlage für eine SARS-CoV-2-Impfung schafft, oder drittens durch eine „Impfpflicht light", die Menschen indirekt dazu animiert, sich impfen zu lassen. Mit der Vorlage eines Immunitäts- bzw. Impfnachweises könnte ein Freiheitszugewinn verbunden sein, der es immunen Personen z.B. gestatten würde, den Beruf als Altenpflegerin in einem Seniorenheim auszuüben, Reisen ins Ausland anzutreten, sofern sie Nicht-Immunen verunmöglicht werden, oder ein pandemiebedingt geschlossenes Restaurant wieder für Kunden zu öffnen, wenn diese ebenfalls Immunitäts- bzw. Impfnachweise vorlegen. Ob diese Konstellation mit dem Wort „Impfpflicht light" angemessen bezeichnet wird, ist umstritten. Wenn man allerdings anerkennt, dass staatliche Normen auch mittelbar-faktische Wirkungen haben können,[205] die über das an der Oberfläche der Normtexte Erkennbare hinaus Verhaltensanreize für den Gebrauch von Grundrechten setzen, dann erscheint es vertretbar, einen solchen Nachweis, gewiss vereinfachend, mit dem Etikett „indirekte Impfpflicht" oder „Impfpflicht light" zu versehen.

Die Debatte über die Impfpflicht leidet darunter, dass zwei Problemkreise nicht deutlich genug unterschieden werden. Wer überhaupt gegen Impfungen eingestellt ist, wird die Impfpflicht ablehnen müssen. Wer hingegen – richtiger-

3. Impfpflicht und Immunitätsnachweis

weise – an der prinzipiell segensreichen Wirkung des Impfens nicht zweifelt, kann gleichwohl die Frage stellen, ob eine gesetzlich angeordnete Impf*pflicht* verhältnismäßig ist. Wer kein Impfskeptiker ist, kann aus verfassungsrechtlichen Gründen durchaus ein Impf*pflicht*skeptiker sein, wie es übrigens hinsichtlich der Masernimpfpflicht auch der Präsident des Robert Koch-Instituts ist, nicht zuletzt mit dem Argument, dass staatlicher Zwang, wie filigran er auch dosiert sein mag, Impfskeptiker, insbesondere impfskeptische Eltern, zu noch stärkerer Skepsis bewegen könnte, mit der Folge, dass sie sich ihre Freiheit an anderer Stelle, nämlich mit noch mehr Impfskepsis gegenüber anderen Impfungen, die keine Pflichtimpfungen sind, zurückzuholen.[206] Impf*pflicht*skeptiker dürfen nicht unbesehen zum lunatic fringe derer gerechnet werden, die in einer Fundamentalopposition gegen die vorherrschenden, naturwissenschaftlich geprägten Wirklichkeitskonstruktionen verfangen sind und deshalb die moderne Medizin einschließlich der Infektiologie rigoros ablehnen, von verschwörungstheoretischen Verirrungen schlimmsten Ausmaßes ganz abgesehen. Wer die Schutzimpfungen als Teil der modernen Medizin bejaht, darf und muss gleichwohl differenziert auf die rechtlichen Mittel schauen, mit denen Schutzimpfungen ins Werk gesetzt werden. Denn hier wie auch sonst im Verfassungsstaat gilt, dass der gute Regelungszweck die Mittel nicht automatisch heiligt.

Das Infektionsschutzgesetz kennt eine – neben der Masernimpfpflicht (§ 20 Abs. 8 ff. IfSG) stehende – Vorschrift, die das Bundesministerium für Gesundheit ermächtigt, „durch Rechtsverordnung mit Zustimmung des Bundesrates anzuordnen, dass bedrohte Teile der Bevölkerung an Schutzimpfungen oder anderen Maßnahmen der spezifischen Prophylaxe teilzunehmen haben, wenn eine übertragbare Krankheit mit klinisch schweren Verlaufsformen auftritt und mit ihrer epidemischen Verbreitung zu rechnen ist" (§ 20 Abs. 6 S. 1 IfSG).[207] Entsprechendes ist, solange das Bundesgesundheitsministerium keine Verordnung erlassen hat, den Landesregierungen oder den von ihnen ermächtigten Gesundheitsministerien gestattet (§ 20 Abs. 7 IfSG). Personen, bei denen medizinische Kontraindikationen bestehen, sind von der Pflicht ausgenommen (§ 20 Abs. 6 S. 2 IfSG). Maßnahmen der spezifischen Prophylaxe sind Maßnahmen, die die Zeit bis zum Einsetzen des Impfschutzes zielgerichtet überbrücken, etwa die Gabe von antibakteriellen Wirkstoffen zur Abwehr z. B. eines Meningokokken-Ausbruchs oder der Diphtherie bei möglicherweise bereits Infizierten.[208] Es geht also nicht um eine allgemeine Prophylaxe (etwa die Einhaltung von Hygieneregeln), sondern um hinsichtlich ihrer Interventionswirkung der Gabe von Impfstoffen vergleichbare befristete Maßnahmen. Mit COVID-19 liegt eine übertragbare Krankheit mit klinisch schwerer Verlaufsform vor, denn sie kann zum Tode führen.[209] Überdies ist bis auf Weiteres mit ihrer epidemischen Verbreitung „zu rechnen", womit ein schwacher Wahrscheinlichkeitsgrad benannt wird. Zu bedenken ist hierbei, dass es auch kleinräumige bzw. lokale Epidemien geben kann.[210]

Entscheidendes Nadelöhr für die Einführung einer Impfpflicht durch Rechtsverordnung ist das Merkmal „bedrohte Teile der Bevölkerung". Dass damit „je nach Krankheit und Ausbreitungsweise die gesamte Bevölkerung"[211] gemeint sein soll, kollidiert mit dem Wortsinn, der ausdrücklich nur von „Teilen" spricht. Das kann ein großer Teil der Bevölkerung sein, aber eben nicht die gesamte Bevölkerung. Richtigerweise geht es insbesondere um „Personen in bestimmten Regionen oder bestimmten Altersgruppen"[212]. Denken ließe sich auch an bestimmte Berufsgruppen, die durch eine Infektion bedroht sind, bei denen also eine Infektion nach dem bekannten infektiologischen und epidemiologischen Wissen sehr wahrscheinlich zu erwarten ist. Die Abgrenzungsschwierigkeiten liegen auf der Hand. Wie genau lassen sich bei einem hochdynamischen Infektionsgeschehen, das einer

3. Impfpflicht und Immunitätsnachweis

Pandemie eigen ist, betroffene Regionen bestimmen? Auch bedrohte Altersgruppen sind in der Corona-Krise bislang so leicht nicht bestimmbar, da Infektionen bei Jüngeren wie bei Älteren vorkommen. Zwar ist der Verlauf bei Älteren regelmäßig schwerer, aber im Einzelfall kann das auch anders sein. Je geringer indes bei einer Altersgruppe die gesundheitlichen Auswirkungen sind, desto schwerer lässt sich für diese Altersgruppe eine „klinisch schwere Verlaufsform" und damit eine Voraussetzung für den Erlass der Impfpflicht durch Rechtsverordnung bejahen.[213] Solange keine empirisch fundierten Eingrenzungen der Population möglich sind, können die in der Corona-Krise bedrohten Teile der Bevölkerung nicht trennscharf („isoliert")[214] bestimmt werden. Je mehr sich die Impfpflicht auf eine Bedrohungslage bezieht, die die gesamte Bevölkerung – zumal in unterschiedlich schwerer Form – erfasst, scheidet eine Impfpflicht kraft Rechtsverordnung aus.

Eine Impfpflicht könnte aber nach dem Vorbild des Masernschutzgesetzes[215] spezialgesetzlich geregelt werden. Auf diese Weise ließen sich die engeren Voraussetzungen des § 20 Abs. 6 und 7 IfSG umgehen. Auch dann bleibt aber die Frage, ob von einer Bedrohungslage auszugehen ist, die die Inpflichtnahme der gesamten Bevölkerung – ausgenommen die Personen mit medizinischer Kontraindikation – gestattet. Hierbei muss das Verhältnis von Individual- und Fremdschutz austariert werden. Dabei kommt es auf zahlreiche empirische Annahmen an, über die derzeit noch Unklarheit besteht. Ein SARS-CoV2-Impfstoff müsste eine vergleichsweise hohe Effektivität haben (bei fehlenden bzw. geringen Nebenwirkungen). Er müsste also so wirken, dass eine möglichst große Gruppe von Geimpften trotz Impfung nicht erkrankt, und diese Wirkung müsste auch möglichst lange, idealerweise lebenslang, anhalten. Weiter muss die Durchimpfungsrate – also die Quote der effektiv Geimpften bzw. Immunen – hoch sein. Bei SARS-CoV-2 sind dies nach ge-

genwärtigem Wissensstand ca. 60-80 % der Bevölkerung. Je mehr dies der Fall ist, lassen sich Individuen direkt (Individualschutz) und auch indirekt schützen (Fremd-/Drittschutz, „Gemeinschaftsschutz"[216]), weil insbesondere auch jene, die sich aufgrund ihrer gesundheitlichen Konstitution (z. B. Säuglinge, chronisch Kranke) nicht impfen lassen können, geschützt werden. Zu prüfen wäre sodann, ob eine hohe Durchimpfungsrate nur durch eine Impfpflicht erreicht werden kann, zumal es in aller Regel so sein dürfte, dass die Bevölkerung „aus Angst vor der übertragbaren Krankheit (freiwillig) zur Impfung drängt."[217] Eine Impfpflicht wäre also kaum erforderlich, wenn mit einer freiwilligen Nachfrage zu rechnen ist, die die nötige Durchimpfungsrate erreicht.

Alternative zu einer Impfpflicht könnte ein sog. Immunitätsnachweis sein, auch Immunitätszertifikat, Immunitätsausweis oder Immunitätspass genannt. Ein Immunitätsnachweis setzt voraus, dass vermittels einer Antikörperbestimmung festgestellt werden kann, dass und wie lange nach einer COVID-19-Erkrankung Immunität besteht. Solche Immunitätsnachweise, die klären, ob eine Person mit einer Infektionskrankheit erkrankt war und gegen sie immun ist (Serostatus, auch Immunstatus[218]), sind dem Grunde nach nichts Ungewöhnliches.[219] So können Arbeitgeber in zahlreichen Einrichtungen der Gesundheitsversorgung (vgl. § 23 Abs. 3 IfSG, insbesondere Krankenhäusern) von Personen, die sich um eine Stelle bewerben, aber auch solchen die bereits beschäftigt sind, die Vorlage eines Nachweises über den Impf- oder Serostatus verlangen (§ 23a IfSG). Wird der Nachweis nicht vorgelegt, kann der Arbeitgeber von Bewerberinnen und Bewerbern bzw. Arbeitnehmerinnen und Arbeitnehmern verlangen, dass sie den Status ärztlich feststellen lassen.[220] Wird die ausreichende Immunität nicht festgestellt (bzw. wird ein Nachweis nicht vorgelegt), darf der Arbeitgeber den Abschluss des Arbeitsvertrages verweigern; gegebenenfalls bereits beschäftigtes Personal muss er so einsetzen, dass vermeidbaren Infektionsrisiken

3. Impfpflicht und Immunitätsnachweis

vorgebeugt wird.[221] Die nachgewiesene Immunität muss allerdings mit Blick auf die in Rede stehende Tätigkeit erforderlich sein. Mildere Maßnahmen der Infektionsvermeidung, wie sie im verbindlichen einrichtungsspezifischen Hygienemanagement festgelegt sind (vgl. § 23 Abs. 3 IfSG), dürfen nicht ausreichen.[222] Der Nachweis ist keine Standardlösung, denn er steht unter dem strikten Vorbehalt der Erforderlichkeit (vgl. § 23a S. 1 IfSG: „Soweit es […] erforderlich ist").[223]

Nach derzeitigem Wissensstand (Tröpfcheninfektion, Ansteckung trotz fehlender Symptome) ist es denkbar, dass ein solcher Nachweis in Bezug auf SARS-CoV-2 verlangt wird. Das Entscheidende der Regelung des § 23a IfSG ist ihre Beziehung zu einer gesundheitsversorgenden Tätigkeit, die mit Infektionsgefahren einhergeht, denen Patienten und Beschäftigte ausgesetzt sind. Damit wird der Kontext, auf den sich der Nachweis bezieht, relativ klar definiert. Die Gefahr, die im Hinblick auf die Freiwilligkeit besteht, soll so möglichst minimiert werden, denn der Arbeitgeber darf es sich nicht durch das undifferenzierte Einfordern solcher Nachweise zu leicht machen. Insofern – weil bereits das Gesetz die Verhältnismäßigkeit einfordert und diese zudem auch im konkreten Fall zu prüfen ist – stimmt es jedenfalls für den Regelfall, dass § 23a IfSG keine indirekte Impfpflicht schafft. In den Fällen, in denen die Immunität auch durch eine Impfung zu erlangen und die Immunität mit Blick auf die Patienten nötig ist, erweist sich die Regelung freilich als indirekte Impfpflicht, weil es nur die Vorlage eines Impfnachweises – als Variante des Immunitätsnachweises – den Bewerberinnen und Bewerbern bzw. den Arbeitnehmerinnen und Arbeitnehmern ermöglicht, die von ihnen bewusst gewählte Tätigkeit auszuüben. In diesen Fällen – nicht generell – erscheint die Beschränkung der Berufsfreiheit der Bewerber/innen und Arbeitnehmer/innen gerechtfertigt.

Im Unterschied zu diesem nach seinem Kontext spezifizierten (nämlich auf das Arbeitsleben in bestimmten

Gesundheitseinrichtungen bezogenen) Nachweis ist der rechtspolitisch diskutierte Vorschlag problematisch,[224] den Immunitäts- bzw. den Impfnachweis einzusetzen, um die Reichweite von notwendigen Schutzmaßnahmen (§ 28 Abs. 1 S. 1 und 2 IfSG), etwa Betriebsschließungen oder Veranstaltungsverboten, zu begrenzen. Er schafft anders als § 23a IfSG ein regulatorisches Passepartout, das in unterschiedlichen Kontexten zum Einsatz kommen kann und alles Nähere den für die Umsetzung des Infektionsschutzgesetzes zuständigen Landesbehörden (§ 54 IfSG) bzw. dem Verordnungsgeber (§ 32 IfSG i. V. m. § 28 Abs. 1 S. 1, 2 IfSG) überlässt. Mit einer vom Bundeskabinett zunächst verabschiedeten, aber schlussendlich nicht Gesetz[225] gewordenen Ergänzung des § 28 IfSG[226] wäre der Immunitäts- bzw. Impfnachweis nicht automatisch, aber in einer Vielzahl von nicht näher definierten Fällen zum Vehikel geworden, die zunächst beschränkte Freiheit wiederzugewinnen. Dahinter steht der Gedanke der Verhältnismäßigkeit. Damit ähnelt die vorgeschlagene Regelung der aus dem Polizeirecht bekannten Ersetzungsbefugnis, wonach dem „Betroffenen [...] auf Antrag zu gestatten [ist], ein anderes ebenso wirksames Mittel anzuwenden, sofern die Allgemeinheit dadurch nicht stärker beeinträchtigt wird."[227] Ganz in diesem Sinne könnte nach Einschätzung der zuständigen Behörde (§ 54 IfSG) bzw. des Verordnungsgebers (§ 32 i. V. m. § 28 Abs. 1 IfSG) dem Betroffenen bei im Ergebnis gleichem Schutzniveau die ersehnte Freiheit von den Beschränkungen, die mit den Schutzmaßnahmen verbunden sind, gewährt werden.

Für den kontextuell entgrenzten Nachweis der Immunität, die sich nach überstandener Erkrankung (nicht durch Impfung) einstellt, gilt, dass die empirischen Unterstellungen genauer Prüfung bedürfen. Sofern entsprechende Tests verlässlich sind, stellt sich etwa die Frage, wie lange die Immunität anhält. Selbst wenn die Immunität nur vergleichsweise kurz bestünde, könnte gleichwohl ein bloß kurzzeitiger Frei-

3. Impfpflicht und Immunitätsnachweis

heitsgewinn aus Sicht des Betroffenen eine große Bedeutung haben. Zusätzlich stellt sich das Problem, wessen Immunität mit den zur Verfügung stehenden Kapazitäten zunächst getestet wird. Das praktisch entscheidende Problem des Immunitätsnachweises ist der Zugang zum relativ knappen Gut der Immunitätstests (sofern die Immunität durch eine Impfung erfolgt, ist es der Zugang zum relativ knappen Gut des Impfstoffs). Wie wird hier priorisiert? Sollen nur Personen Tests bzw. eine Impfung erhalten, die einen sog. systemrelevanten Beruf im Rahmen der sog. kritischen Infrastruktur[228] ausüben oder sind bereits das zu große Personengruppen? Muss also bereits unter diesen Berufsgruppen priorisiert werden? Und wieso sollten nur „systemrelevante" Tätigkeiten im Bereich der essential services bzw. facilities (z. B. Polizei, Rechtspflege, Gesundheits-, Ernährungsversorgung) bevorzugt werden? Gibt es nicht auch essential relationships? Es kann für eine Tochter oder einen Sohn wichtig sein, sich testen (oder impfen) zu lassen, um die Mutter oder den Vater zu besuchen, die bzw. der in einem Altenheim zu vereinsamen droht. Je unspezifischer zudem der Nachweis einer ohne Impfung erlangten Immunität Freiheitsvorteile verspricht, desto wahrscheinlicher dürfte die gezielte Herbeiführung einer Ansteckung („Corona-Partys") sein. Das wird die behördliche Bekämpfung einer Pandemie nicht einfacher machen, denn an die Gesamtbevölkerung adressierte Schutzmaßnahmen sind umso schwerer zu begründen, je mehr Personen aufgrund ihres Immunitätsnachweises darauf verweisen können, dass sie nicht geschützt werden müssen und vor ihnen auch nicht geschützt werden muss. Das mag erklären, wieso die nicht Gesetz gewordene Vorschrift nur eine Berücksichtigungspflicht vorsieht, keinen klipp und klar formulierten Anspruch auf Suspendierung der in Rede stehenden Schutzmaßnahme. Dadurch wird der Nachweis zu einem Element in einem nicht ganz durchsichtigen Prüfprogramm der zuständigen Behörde (§ 54 IfSG) bzw. des Verordnungsgebers. Weil die rechtspolitisch diskutierte Regelung so allgemein gehalten ist und auf die Spezifizierung durch Anwendungskontexte verzichtet, ist für den Betroffenen, selbst wenn er den Nachweis vorlegt, also nicht sicher, dass der erstrebte Freiheitsgewinn auch tatsächlich gewährt wird.

Deutlich zeigt sich beim Thema Impfpflicht bzw. Immunitätsnachweis ein bislang nicht zu Genüge bedachtes Grundproblem der Grundrechtslehre: Es ist die zwischen nudging, chilling effect und weichem Paternalismus[229] angesiedelte legislatorische Strategie des „Zwangs in Samthandschuhen". Zusehends setzt der Gesetzgeber Druck bzw. subtilen Zwang in einer Weise ein, in der sich Selbst- und Fremdsteuerung des Individuums immer ähnlicher werden. In der Begründung zum Masernschutzgesetz, das eine Impfpflicht[230] statuiert, heißt es, „die Freiwilligkeit der Impfentscheidung selbst" bleibe „unberührt"[231], weil die Impfpflicht nicht direkt mittels unmittelbaren Zwangs durchgesetzt werden könne.[232] Allerdings gibt es indirekte Nachteile, etwa den drohenden Verlust eines Kita-Platzes (§ 20 Abs. 9 S. 6 IfSG).[233] So gesehen erweist sich der Verzicht auf eine Impfung als freiwillige Entscheidung, einen Nachteil in Kauf zu nehmen, die in Eigenverantwortung – ein zentraler Topos des Präventionsdenkens[234] – getroffen wird.

Von Helmuth Plessner stammt das treffende Wort von der „Entwürdigung in Samthandschuhen"[235]. Die Formulierung spielt darauf an, dass ab- und entwertendes Verhalten gewissermaßen auf Samtpfoten daherkommen kann – oder eben in Samthandschuhen verpackt zu Werke geht. Dieser Trend, die offen willensbrechende vis absoluta des Staates hinter immer neuen Variationen immer subtiler wirkender vis compulsiva zu verbergen, die den manifesten Fremdzwang, dem das Individuum sich ausgesetzt sieht, in einen sanften Selbstzwang verwandelt, den das Individuum als quasiautonomes Abwägungskalkül vollzieht, dieser Trend ist für den modernen Staat charakteristisch. Theodor W. Adorno und Max

3. Impfpflicht und Immunitätsnachweis 93

Horkheimer, die Autoren der „Dialektik der Aufklärung"[236], hätten (könnten sie es noch) an diesem Vexierspiel aus vorgeblicher Freiwilligkeit und verkappter Fremdsteuerung, in dem Autonomie und Heteronomie verschwimmen, gewiss ihre analytische Freude. Was der Staat hier mithilfe der Gesetzgebung initiiert, sind „schwer entwirrbare, dynamisch sich verändernde Mischungen aus erzwungener Freiheit und freiem Selbstzwang", sie „implizieren ein ständig changierendes Mehr oder Weniger an Selbstbestimmung"[237], in dem sich das Ausmaß der Fremdbestimmung kaum noch genau bestimmen lässt. Die Pointe der staatlich induzierten Selbstdisziplinierung des Individuums,[238] dessen kaum stillbare Sehnsucht nach Selbstbestimmung der Staat sich zunutze macht, ist, dass Interventionen immer weniger als von außen kommende Zwangsakte „fühlbar"[239] sind. Sie bringen das Individuum vielmehr dazu, von ihm selbst zunächst nicht erwogene Entscheidungen dennoch zu treffen und sie als Produkte selbstbestimmten Abwägens zu imaginieren. Wem das zu sehr nach überspannt-raunender Macht- und Zivilisationskritik klingt, sollte nur für einen Moment darüber nachdenken, was nudging – das bewusste Stupsen in die richtige Richtung –, was „soft paternalism", was gezielt eingesetzte chilling effects[240], also mit Schlimmerem drohende Einschüchterungs- bzw. Abschreckungseffekte,[241] die dem Individuum die „Freiheit" lassen, Schlimmeres nicht zu wollen, was all dies bedeutet – nichts anderes als das, was hier beschrieben wird: eine staatliche Kontrolle, die nicht in erster Linie mit der unübersehbaren Faktizität eines Schlagstocks wirkt (und so auch nicht wirken will), sondern mit der Aussicht auf Negativanreize steuert, die das Individuum „freiwillig" vermeiden kann, wenn es die in Aussicht gestellten Nachteile nicht erleiden will. Es ist eine weiche Macht, die das individuelle Bewusstsein mit der Sanftheit eines Samthandschuhs im Griff hat.

Ob die Grundrechtslehre diese Mischungen aus Freiheit und Zwang schon differenziert genug reflektiert und in praktikable Kriterien übersetzt, ist zweifelhaft. Sie muss den Begriff des „Grundrechtseingriffs" weiterentwickeln. Nur dann wird sie – auch im Gesundheitsrecht – den feinen Unterschieden „weicher" staatlicher Steuerung gerecht werden können. Die Corona-Krise mit ihrer Debatte über die Impfpflicht und den Immunitätsnachweis erinnert an diese Grundfrage des Verfassungsstaats.

VI. Parlament

Die Krise ist die Stunde der Exekutive. Das ist sicher richtig. Aber in Verfassungsstaaten ist die Krise eben immer auch eine Stunde des Parlaments. In einer repräsentativen Demokratie wie der Bundesrepublik ist die Exekutive in einer Krise ohne das Parlament überhaupt nicht handlungsfähig. Dies hat sich auch unmittelbar zu Beginn der Corona-Pandemie gezeigt: Der Bundestag verabschiedete insbesondere den Nachtragshaushalt 2020, der es der Bundesregierung überhaupt erst ermöglichte, angemessen auf die Pandemie zu reagieren. Er stimmte für eine – umstrittene – Novelle des Infektionsschutzgesetzes und passte das Arbeits-, Sozial-, Miet-, Insolvenz- und Strafrecht an die Krise an. Darüber hinaus obliegt dem Bundestag und den Landtagen die Kontrolle des Krisenmanagements von Bundesregierung und Landesregierungen. Auf diese parlamentarische Kontrolle verzichten autokratische Regierungen – wie das Beispiel Ungarn zeigt – in der Corona-Krise sehr gern. Im Gegensatz dazu war und ist die zentrale Bedeutung des Deutschen Bundestags im Verfassungssystem der Bundesrepublik auch in der Corona-Krise unangefochten. Aber dennoch stellte sich die Frage, ob der Parlamentarismus in der Pandemie auch gut funktioniert, und vor allem, wie er sich durch COVID-19 verändert.

1. Wahlkampf und Wahlen

Vorerst waren und sind in der Bundesrepublik von der Corona-Krise „nur" Kommunalwahlen betroffen. So fand die Stichwahl zur bayerischen Kommunalwahl am 29. März 2020 bereits in der Pandemie statt.[242] Für den 13. September 2020 sind Kommunalwahlen in Nordrhein-Westfalen angesetzt, also im bevölkerungsstärksten Bundesland. Bis dahin ist die Pandemie nicht vorbei. Vielmehr wird im Herbst und Winter 2020 mit weiteren Infektionswellen gerechnet. Sodann steht das Wahljahr 2021 vor der Tür: Kommunalwahlen in Hessen und Niedersachsen, Landtagswahlen in Baden-Württemberg, Rheinland-Pfalz, Sachsen-Anhalt, Mecklenburg-Vorpommern und Berlin und natürlich die Bundestagswahl 2021. Kann unter den Bedingungen der Pandemie ein Wahlkampf und eine Wahl stattfinden?

Die Verschiebung von Wahlen auf einen Zeitpunkt nach der Corona-Krise ist keine Option. Zum einen weiß gegenwärtig noch niemand, wann die Corona-Pandemie vorbei sein wird. Zum anderen sehen die Verfassungen zum Schutz der Demokratie rigide Fristen vor, wann Wahlen abzuhalten sind. So finden beispielsweise Neuwahlen zum Deutschen Bundestag frühestens 46, spätestens 48 Monate nach dem Beginn der Wahlperiode statt (Art. 39 Abs. 1 S. 3 GG). Durch diese strenge Terminierung der Demokratie soll gerade verhindert werden, dass Wahlen – aus welchen Anlässen auch immer – auf den Sankt Nimmerleinstag verschoben werden; und solche Gründe finden herrschende Exekutiven und Parlamentsmehrheiten gegebenenfalls immer leicht, um von Wahlen ungestört weiterregieren zu können. Deshalb wäre eine Verschiebung der Bundestagswahl und damit zugleich eine Verlängerung der Wahlperiode nur durch eine Änderung des Art. 39 Abs. 1 S. 3 GG möglich.[243] Eine solche Verfassungsänderung könnte sich beispielsweise am Vorbild des Art. 115h Abs. 1 S. 1 GG orientieren: Während des Verteidigungsfalls ablaufende Wahlperioden des Bundestages oder der Volksvertretungen der Länder enden sechs Monate nach Beendigung des Verteidigungsfalls. Dieses Regelungskonzept ließe sich auf den inneren Notstand übertragen. Allerdings

1. Wahlkampf und Wahlen

geht die wohl herrschende Meinung in der deutschen Staatsrechtslehre davon aus, dass es aufgrund der „Ewigkeitsgarantie" (Art. 79 Abs. 3 GG) in Verbindung mit dem Demokratieprinzip (Art. 20 Abs. 1 und 2 GG) ausgeschlossen ist, dass sich die Abgeordneten auch im Wege der Verfassungsänderung ihr eigenes Mandat zeitlich verlängern.[244] Eine Verlängerung der Legislaturperiode für Notstandsfälle wäre also nur für künftige, nicht aber hinsichtlich der Corona-Pandemie für die laufende Wahlperiode möglich. Was wäre aber die Folge, wenn eine Bundestagswahl aufgrund einer Pandemie schlicht faktisch verspätet stattfinden würde? Die deutsche Staatsrechtslehre sieht zwei Auswege: Sie ist entweder doch bereit, in Notsituationen eine Verlängerung der laufenden Legislaturperiode zu akzeptieren. Oder sie setzt schlicht auf „brauchbare Illegalität"[245]: Zwar wäre eine aufgrund der Pandemie verspätete Bundestagswahl verfassungswidrig. Sie würde aber dennoch anerkannt, „da dies weniger schwer wiegt als eine – gleichfalls verfassungswidrige – Verlängerung der Wahlperiode des vorangegangenen Bundestags."[246] Diese Überlegungen zeigen vor allem eines: Kommunal-, Landtags- und Bundestagswahlen sollten aufgrund der Corona-Pandemie nicht verlegt werden. Statt die Zeit mit entsprechenden Verfassungs- und Rechtsänderungen in der Krise zu verschwenden, sollten wir uns lieber darüber Gedanken machen, wie wir diese Wahlkämpfe und Wahlen gegebenenfalls in der Corona-Krise gestalten können.

Auch in Corona-Zeiten kann Wahlkampf geführt werden. Die politische Öffentlichkeit, die jeder Wahlkampf voraussetzt, ist in der COVID-19-Pandemie keineswegs kollabiert, sondern sogar sehr viel sensibler als noch vor der Krise. Presse, Rundfunk und Internet funktionieren. Versammlungen sind grundsätzlich möglich, wenn sie „Corona-kompatibel" durchgeführt werden. In einem Wahlkampf, der unter pandemischen Bedingungen geführt wird, steigt die Bedeutung von Social Media und des Web 2.0. Dieser Trend der Verschiebung von politischen Formaten auf der Schnittstelle der Offline- und der Onlinewelt zeichnet sich seit nunmehr über 20 Jahren ab.[247] Doch leider haben insbesondere die (ehemals großen) Volksparteien die digitale Seite der Politik bisher sträflich vernachlässigt. Man hätte von der Piraten-Partei lernen können, anstatt hämisch zuzuschauen, wie deren Schiff nach fast einem Jahrzehnt (2006-2016) erfolgreicher Mobilisierung vor allem junger Bürger/innen für die Politik wieder gesunken ist. Einer digitalen Entfaltung des Wahlkampfs sind jenseits der allgemein geltenden Gesetze keine rechtlichen Schranken gesetzt. Auch ist es den Parteien grundsätzlich möglich, Online-Parteitage durchzuführen, soweit sie über die datensichere Eröffnung von Antrags- und Rederechten sowie Diskussionsmöglichkeiten ein funktionales Äquivalent zu einem Offline-Parteitag bilden (Art. 21 Abs. 1 S. 3 GG, § 32 Abs. 2 BGB und §§ 8 f. PartG). So haben Bündnis 90/Die Grünen Anfang Mai 2020 einen virtuellen Parteitag durchgeführt.[248] Dies sollte Schule machen. Doch das Parteien- und Wahlrecht hält die Parteien noch viel zu stark an analogen Versammlungs- und Entscheidungsformen fest (§§ 8 f. PartG, §§ 18 ff. BWahlG). Der Gesetzgeber sollte deshalb das Parteien- und Wahlrecht noch sehr viel stärker für digitale Kommunikationsformen öffnen, was rechtsverbindliche Entscheidungsprozesse angeht. So müssen Parteien derzeit noch analoge und digitale Kommunikationsformen kombinieren, um Personalentscheidungen zu treffen und personelle Wahlvorschläge zu unterbreiten.[249]

Schließlich können auch in der Corona-Krise Wahlen auf kommunaler sowie Landes- und Bundesebene stattfinden. Sehen wir uns dies am Beispiel der Bundestagswahl näher an. Die Abgeordneten des Deutschen Bundestags werden in allgemeiner, unmittelbarer, gleicher, freier und geheimer Wahl gewählt (Art. 38 Abs. 1 S. 1 GG). Allerdings wären auch in einer Pandemie Online-Wahlen ausgeschlossen. Nach der Rechtsprechung des Bundesverfassungsgerichts steht einer

1. Wahlkampf und Wahlen

Online-Wahl der Grundsatz der Öffentlichkeit der Wahl entgegen, der unmittelbar aus dem Demokratie-, Rechtsstaats- und Republikprinzip abgeleitet wird (Art. 20 Abs. 1 bis 3 GG).[250] Die Bürger/innen und damit die Öffentlichkeit insgesamt können eine Online-Wahl technisch nicht nachvollziehen und kontrollieren. Damit bleibt es bei der Wahl auf analogen Stimmzetteln, die unter Wahrung des Wahlgeheimnisses bei der Stimmabgabe in der Wahlkabine grundsätzlich in der Öffentlichkeit des Wahllokals in die Wahlurnen zu werfen sind. Doch gerade diese Stimmabgabe im Wahllokal birgt in der Corona-Pandemie Ansteckungsgefahren.[251] Selbst wenn sich Hygieneregeln und Distanzgebote in allen Wahllokalen gewährleisten ließen, könnte die schlichte Infektionsgefahr Bürger/innen von der Wahl abschrecken, einerlei, ob sie nun einer Risikogruppe angehören oder nicht. Deshalb liegt es nahe, in einer Pandemie eine Wahl als reine Briefwahl (§ 36 BWahlG) durchzuführen. Zwar steht das Bundesverfassungsgericht der Briefwahl ebenfalls zurückhaltend gegenüber:[252] Weil die Stimmabgabe bei einer Briefwahl in der Regel zu Hause erfolgt, wird der Grundsatz der Öffentlichkeit der Wahl ebenfalls nicht gewahrt. Darüber hinaus kann die Einhaltung des Wahlgeheimnisses zu Hause nicht so strikt wie im Wahllokal gewährleistet werden. Deshalb soll die Briefwahl nach der Auffassung des Bundesverfassungsgerichts nur ausnahmsweise zulässig sein, um in der Abwägung der Wahlgrundsätze die Allgemeinheit der Wahl zu fördern. Allerdings wäre es in einer Pandemie möglich, dass sich der Gesetzgeber für die Durchführung der gesamten Wahl als Briefwahl entscheidet, weil dafür angesichts der Infektionsgefahr nicht nur der Grundsatz der Allgemeinheit der Wahl, sondern auch die staatliche Schutzpflicht für Leben und Gesundheit der Bürger/innen spricht (Art. 2 Abs. 2 S. 1 GG). Insofern treten der Grundsatz der Öffentlichkeit der Wahl und die Gefährdung des Wahlgeheimnisses, die mit dem Ausfüllen des Stimmzettels zu Hause verbunden sind, in der Abwägung zurück.

Bei der Auszählung der Briefwahl kann der Grundsatz der Öffentlichkeit jedoch wiederum gewahrt werden, da sich hier Hygieneregeln und Distanzgebote grundsätzlich einhalten lassen. Wahlen können also in der Corona-Krise stattfinden.

2. Notausschuss oder virtuelles Parlament?

Auch die Funktionsfähigkeit der Parlamente wird in der Pandemie zu einem verfassungsrechtlichen Problem. Der Deutsche Bundestag besteht aus 709 Abgeordneten, die zu Plenardebatten und Ausschusssitzungen im Reichstagsgebäude zusammenkommen. Dabei kann aufgrund der räumlichen Gegebenheiten das Distanzgebot von 1,5 Metern nicht eingehalten werden. Die Infektionsgefahr ist folglich hoch. Darüber hinaus gehören viele Abgeordnete altersbedingt Risikogruppen an. So wird aber COVID-19 nicht nur für die Abgeordneten zu einem Gesundheitsrisiko, sondern die Funktionsfähigkeit des parlamentarischen Regierungssystems steht insgesamt auf dem Spiel. Ende März und Anfang April 2020 konnte aufgrund der Corona-Krise ein Viertel der Abgeordneten nicht an den Sitzungen des Deutschen Bundestags teilnehmen.[253]

In dieser Situation hätte sich der Bundestag entscheiden können, die Plenumssitzungen aus dem Reichstagsgebäude in eine Räumlichkeit zu verlegen, die das Einhalten der Abstandsregelungen ermöglicht. Das schweizerische Parlament hat in der Corona-Krise in einer Messehalle getagt.[254] Grundsätzlich wäre das auch in Berlin möglich. Der Bundestag hat sich zunächst mit anderen praktischen Lösungen beholfen, um die Hygieneregeln und Distanzgebote zu gewährleisten: Es nahmen weniger Abgeordnete an den Sitzungen teil, sodass der Sitzabstand vergrößert wurde. Für Abstimmungen

2. Notausschuss oder virtuelles Parlament?

konnten Wahlurnen auch außerhalb des Plenarsaals genutzt werden.[255] Darüber hinaus senkte der Bundestag die Regelung über die Beschlussfähigkeit des Parlaments. Normalerweise ist der Bundestag beschlussfähig, wenn mindestens die Hälfte seiner Mitglieder im Sitzungssaal anwesend ist (§ 45 Abs. 1 GOBT). Dieses Quorum hat der Bundestag durch Geschäftsordnungsbeschluss vom 25. März 2020 abgesenkt, der die Regelung des § 126a GOBT über die „Besondere Anwendung der Geschäftsordnung auf Grund der allgemeinen Beeinträchtigung durch COVID-19" einführte:[256] Der Bundestag ist nun abweichend von § 45 Abs. 1 GOBT beschlussfähig, wenn mindestens ein Viertel seiner Mitglieder im Sitzungssaal anwesend ist (§ 126a Abs. 1 GOBT). Entsprechendes gilt auch für die Beschlussfähigkeit der Ausschüsse, wobei in diesem Fall aber auch die Sitzungsteilnahme über elektronische Kommunikationsmittel ermöglicht wurde (§ 126a Abs. 2 GOBT). § 126a GOBT findet ab 30. September 2020 keine Anwendung mehr und kann – selbstverständlich – vor diesem Datum durch einen Bundestagsbeschluss auch wieder aufgehoben werden (§ 126a Abs. 5 GOBT).

Diese Absenkung der Beschlussfähigkeit stellt aber die Funktionsfähigkeit des Bundestags als zentrales Verfassungsorgan in einem parlamentarischen Regierungssystem nur dann sicher, wenn sich in dem so „verkleinerten" Bundestag auch die Mehrheitsverhältnisse der Fraktionen wiederspiegeln. Dies lässt sich grundsätzlich durch ein sog. Pairing-Verfahren erreichen.[257] Die Fraktionen vereinbaren, dass nur so viele ihrer Abgeordneten an dem „verkleinerten" Parlament teilnehmen, dass sich die parlamentarischen Mehrheitsverhältnisse in ihm spiegeln. Dies funktioniert allerdings nur, wenn alle Abgeordneten und Fraktionen damit einverstanden sind. Denn alle Abgeordneten haben als Ausdruck ihres freien Mandats (Art. 38 Abs. 1 S. 2 GG) jederzeit das Recht, an Sitzungen, Debatten und Abstimmungen des Bundestags teilzunehmen.[258] Rechnet man dies ein, so klingt dies nach einem praktischen Ausweg für den Bundestag und auch die Landtage, um ihre parlamentarische Funktionsfähigkeit in der Corona-Krise sicherzustellen.[259] Aber man wird dies bestenfalls für eine kurze Übergangszeit für verfassungskonform halten können. Letztlich handelt es sich um die informelle Einführung eines Notparlaments, was auf Dauer dem parlamentarischen Repräsentationsprinzip kaum gerecht wird (Art. 38 Abs. 1 S. 2 GG):[260] Allein auf der Grundlage einer interfraktionellen Absprache würden 532 von 709 Abgeordneten entscheiden, ihr Mandat freiwillig oder aufgrund von Fraktionsdisziplin zugunsten von 177 Abgeordneten *nicht* auszuüben; und in der dauerhaften Nichtausübung des Mandats eine Mandatsausübung zu sehen, wäre vielleicht doch etwas zu dialektisch: Nach Art. 38 Abs. 1 S. 2 GG repräsentieren alle Abgeordneten aufgrund der Ausübung ihres freien Mandats das deutsche Volk, also alle Bürger/innen der Bundesrepublik Deutschland. Zwar ist es verfassungsrechtlich möglich, das freie Mandat zugunsten der Funktionsfähigkeit des Parlaments einzuschränken.[261] Doch wenn letztlich 532 von 709 Abgeordneten insbesondere in einer Krisensituation nicht an der demokratischen Repräsentation beteiligt werden sollen, kann dies nicht schlicht durch eine interfraktionelle Absprache geschehen. Auch eine Regelung in der Geschäftsordnung des Deutschen Bundestags oder im Abgeordnetengesetz genügen nicht für eine solche Herzoperation an der parlamentarischen Demokratie. Dazu bedürfte es einer Verfassungsänderung, die die Voraussetzungen, die Zusammensetzung, die Kompetenzen und die Dauer eines Notparlaments regelt.

Aus diesem Grund hat Bundestagspräsident Wolfgang Schäuble gleich zu Beginn der Corona-Pandemie die verfassungsrechtliche Verankerung eines Notparlaments bzw. Notausschusses angeregt, um die Funktionsfähigkeit des Bundestags in der Pandemie und weiteren Krisen zu sichern.[262] Der Gemeinsame Ausschuss (Art. 53a GG), der im Vertei-

2. Notausschuss oder virtuelles Parlament? 103

digungsfall die Funktionen von Bundestag und Bundesrat wahrnimmt (Art. 115e Abs. 1 GG), kommt als Vorbild nicht in Betracht, weil es sich bei ihm um ein föderales Fusionsorgan handelt. Allerdings sehen die Landesverfassungen von Baden-Württemberg (Art. 62 Verf. BW) und Sachsen (Art. 113 Sächs. Verf.) Notausschüsse vor, die als Diskussionsgrundlage für die Regelung eines Notparlaments im Grundgesetz dienen könnten: Ist bei einer drohenden Gefahr für den Bestand oder die freiheitliche demokratische Grundordnung des Landes oder für die lebensnotwendige Versorgung der Bevölkerung sowie bei einem Notstand infolge einer Naturkatastrophe oder eines besonders schweren Unglücksfalls der Landtag verhindert, sich alsbald zu versammeln, so nimmt ein Ausschuss des Landtags als Notparlament die Rechte des Landtags wahr. Die Feststellung, dass der Landtag verhindert ist, sich alsbald zu versammeln, trifft die Präsidentin bzw. der Präsident des Landtags. Dem Notparlament kommt nicht das Recht zu, der Ministerpräsidentin bzw. dem Ministerpräsidenten das Vertrauen zu entziehen und die Verfassung zu ändern. Beschlüsse des Notparlaments können vom Landtag aufgehoben werden, wenn dies spätestens vier Wochen nach dem nächsten Zusammentritt des Landtages beantragt wird. Doch der Vorschlag Wolfgang Schäubles, ein solches Notparlament im Grundgesetz zu verankern, ist nicht nur in der Staatsrechtslehre stark kritisiert worden,[263] sondern vor allem auch bei allen Fraktionen des Deutschen Bundestags zu Recht auf Ablehnung gestoßen.[264] Weder ein interfraktionell informelles noch ein verfassungsrechtlich geregeltes Notparlament ist in der Corona-Krise erforderlich. Der Deutsche Bundestag kann seine Funktionsfähigkeit schlicht sicherstellen, wenn er bereit ist, auch nur einfachste elektronische Kommunikationstechniken für die Gestaltung seiner Parlamentssitzungen zu verwenden.

Auch hierfür hat der Bundestagspräsident unter dem Stichwort des „Virtuellen Parlaments" zu Beginn der Corona-Krise einen Vorschlag unterbreitet, der jedoch in der aufgeregten Auseinandersetzung um das Notparlament schlicht politisch untergegangen ist. Wie die Anfänge eines „virtuellen Parlamentarismus" aussehen können, hat das britische Unterhaus gezeigt, indem es in der Corona-Krise in Form einer medialen „Hybrid-Sitzung" zusammenkam:[265] In der ersten Prime Minister's Question Time nach der Osterpause 2020 waren im Unterhaus „nur" Außenminister Dominic Raab, der den an COVID-19 erkrankten britischen Premierminister Boris Johnson vertrat, der Oppositionsführer Keir Starmer sowie der Speaker und etwa 20 weitere Abgeordnete körperlich anwesend, die in entsprechenden Abständen im Parlamentssaal verteilt saßen. Die meisten Abgeordneten waren aus ihren Privatwohnungen per Videokonferenz zugeschaltet und auf einem großen Bildschirm im Parlament zu sehen. Solche medialen „Hybrid-Sitzungen" wären auch im Deutschen Bundestag möglich. Zwar geht die Staatsrechtslehre und Staatspraxis bisher wohl überwiegend davon aus, dass die Abgeordneten körperlich im Plenarsaal anwesend sein müssen.[266] Verfassungsrechtlich zwingend ist diese Auffassung aber nicht:[267] Wenn das Grundgesetz von dem „Zusammentritt" (Art. 39 Abs. 1 S. 2 und Abs. 2 GG) und den „Sitzungen" des Bundestags (Art. 39 Abs. 3, Art. 42 Abs. 1 S. 3 und Abs. 3 GG) spricht, ist dies von seinem Wortlaut hinreichend offen, um hierunter auch die „virtuelle" Anwesenheit von Abgeordneten zu verstehen. Die gleiche mediale Offenheit prägt auch die öffentliche Verhandlung (Art. 42 Abs. 1 S. 1 GG) oder die Äußerung im Bundestag oder in einem seiner Ausschüsse (Art. 46 Abs. 1 S. 1 GG). Auch die Verwendung des Begriffs des „Saals" in der Geschäftsordnung des Deutschen Bundestages lässt sich in das Konzept einer medialen „Hybrid-Sitzung" einpassen. Wenn die Redner/innen von den dafür bestimmten Saalmikrofonen oder vom Rednerpult aus sprechen sollen (§ 34 GOBT), schließt dies die Möglichkeit ein, sich über eine Video- oder digitale Bildübertragung im Saal zu äußern. Das „Redner-

2. Notausschuss oder virtuelles Parlament?

pult" lässt sich ebenfalls virtuell oder gegebenenfalls sogar symbolisch verstehen. Ein „Saalverweis" kann auch im Rahmen einer Video- oder digitalen Bildübertragung problemlos erfolgen (§ 38 Abs. 1 S. 1 GOBT). Das Gleiche gilt für eine Abstimmung per Handzeichen bzw. durch Aufstehen oder Sitzenbleiben (§ 48 Abs. 1 GOBT). Nur komplexere Abstimmungsverfahren wie die geheime Stimmabgabe (§ 49 GOBT), die namentliche Abstimmung (§ 52 GOBT) oder der „Hammelsprung" (§ 51 Abs. 2 GOBT) müssten virtuell ausgestaltet und entsprechend rechtlich neu geregelt werden, weil sie mit den „Wahlzellen", der „Türzählung" und der Sammlung von „Abstimmungskarten" in „Wahlurnen" durch analoge Abstimmungsmedien geprägt sind. Man kann es aber auch wie der Bayerische Landtag machen und in der akuten Corona-Krise schlicht auf die namentliche Abstimmung und den „Hammelsprung" verzichten (§ 193a Abs. 2 BayLTGeschO).[268] Diesen Weg in Richtung eines „Virtuellen Parlamentarismus" sollte der Deutsche Bundestag auch über die Corona-Krise hinaus konsequent weitergehen. Anders als die Wissenschaftlichen Dienste des Deutschen Bundestages meinen, ist dafür auch keine Änderung des Grundgesetzes,[269] sondern „nur" eine Anpassung der Geschäftsordnung notwendig. So hat der Deutsche Bundestag eine weitgehende „Virtualisierung" der Arbeit von Bundestagsausschüssen in der Corona-Krise allein durch die Änderung seiner Geschäftsordnung ermöglicht: An Ausschusssitzungen und -beratungen können Abgeordnete über elektronische Kommunikationsmittel teilnehmen (§ 126a Abs. 2 GOBT). Darüber hinaus kann mittels elektronischer Kommunikationsmedien eine Beschlussfassung in Ausschüssen erfolgen (§ 126a Abs. 3 GOBT) und die Öffentlichkeit von Ausschusssitzungen hergestellt werden (§ 126a Abs. 4 GOBT). Hieran lässt sich auch für die technische und rechtliche Ausgestaltung eines virtuellen Plenums anknüpfen. Auf diese Weise kann der Deutsche Bundestag in der Corona-Krise den Anschluss an den Medienwandel unserer Gesellschaft gewinnen.

3. Opposition

Das erste Opfer der Krise ist die Opposition.[270] Auch dies ist ein Gemeinplatz des Krisenjargons. Sicherlich konzentrieren sich in einer Krise die politischen Debatten auf deren Bewältigung. Die Opposition kann sich also nicht dadurch profilieren, dass sie schlicht andere Themen setzt, wohl aber indem sie alternative Wege in der und aus der Krise formuliert oder indem sie die Verteilung der gesellschaftlichen Kosten der Krise in die Diskussion einbringt. Darüber hinaus muss man auch im parlamentarischen Regierungssystem immer im Blick behalten, dass Opposition keine Position oder Institution, sondern eine Funktion ist.[271] Sie kann sich inner- und außerparlamentarisch entfalten, durch die Bürger/innen und die Zivilgesellschaft, einzelne Abgeordnete und Fraktionen, Bundestag und Landesparlamente, durch die Bundesregierung mit Blick auf die Länder, die Länder mit Blick auf die Bundesregierung und die Länder untereinander. Auch die Corona-Krise zeigt: Es gibt nicht „die" Opposition, sondern sehr unterschiedliche gesellschaftliche, parlamentarische und föderale Oppositionen.[272] Wenn dabei aber doch in vielen Fällen der Fokus immer wieder schnell auf der parlamentarischen Opposition im Bundestag liegt, gilt es eine weitere Besonderheit des bundesrepublikanischen Parteienbundesstaats zu berücksichtigen: Fast alle Parteien, die im Bundestag die parlamentarische Opposition bilden (Bündnis 90/Die Grünen, Die Linke und die FDP), regieren in den Ländern zusammen mit der CDU bzw. der SPD, die wiederum die Bundesregierung bilden. Diese parteipolitische Verschränkung von Regierungen und Oppositionen im föderalen System der Bundesrepublik wiegt in der Corona-Krise umso schwerer, als der exekutive Schwerpunkt der Pandemiebekämpfung in Form von Rechtssetzung durch Corona-Verordnungen und verwaltungsförmlicher Rechtsdurchsetzung bei den Ländern liegt.

3. Opposition

Schichtet man diese Überlegungen zu Position und Opposition in der Corona-Krise zeitlich ab, so lassen sich zwei Phasen unterscheiden: die erste Phase des „Shutdown" und die zweite Phase der Lockerung von Pandemiemaßnahmen.

In der ersten Phase des „Shutdown" von Mitte März bis Mitte April 2020 wurden die einschränkenden Pandemiemaßnahmen von breiten Mehrheiten in der Gesellschaft, Landesparlamenten und Bundestag getragen. Dies bedeutet jedoch nicht, dass keine Opposition mit Blick auf gesetzgeberische und exekutive Pandemiemaßnahmen stattfand,[273] beispielsweise die Forderung einer finanziellen Förderung für notleidende Unternehmen, der Widerstand gegen die Einführung einer infektionsschutzrechtlichen Überwachung von mobilen Bewegungsdaten und gegen die zentrale Datenspeicherung im Fall der freiwilligen Tracing-App. Auf Landesebene ist die bereits angesprochene Opposition gegen die Berliner Ausweispflicht oder das Bayerische Parkbankverbot zu nennen. Auch der erfolgreiche (außer-)parlamentarische Widerstand gegen den ersten Entwurf des nordrhein-westfälischen Infektionsschutz- und Befugnisgesetzes zählt hierher, der die Möglichkeit der Beschlagnahme von medizinischen Geräten bei Privatpersonen sowie der Zwangsverpflichtung von pflegerischem und medizinischem Personal vorgesehen und darüber hinaus auf jede zeitliche Befristung verzichtet hatte.[274] Mit anderen Worten: Selbst wenn man sich an der ein oder anderen Stelle – wie beispielsweise bei der Verabschiedung der Verordnungsermächtigung des § 5 Abs. 2 Nr. 3 IfSG[275] – eine kritischere Opposition gewünscht hätte, war die erste Phase des „Shutdowns" keineswegs eine oppositionsfreie Zeit für Regierungen.

In der zweiten Phase der Diskussion der Lockerungen von Pandemiemaßnahmen, die ab Mitte April 2020 einsetzte, veränderte sich das Verhältnis von Positionen und Oppositionen in der Corona-Krise – sowohl auf Bundesebene als auch im föderalen System.

Auf der Bundesebene warnte die Bundeskanzlerin am 20. April 2020 vor „Öffnungsdiskussionsorgien"[276]. Damit war – wie die Kanzlerin in ihrer Regierungserklärung im Deutschen Bundestag am 23. April 2020 erläuterte – nicht die notwendige gesellschaftliche Diskussion über die Lockerungen der Pandemiemaßnahmen, sondern die „forsche" Umsetzung von Lockerungen in den Ländern gemeint.[277] Diese Mahnung der Kanzlerin, dass sich die Bundesrepublik nach wie vor in der Pandemie auf „dünnstem Eis" bewege, muss vor dem Hintergrund der „Rushhour" in Richtung „Exit" gesehen werden, die Ende April 2020 einsetzte: In den Ländern hielt sich für souverän, wer als erster das Ende der Schul- und Restaurantschließungen verkündete, den Sommerurlaub versprach oder ein Fashion Outlet-Center wieder eröffnete. Die deutsche Wirtschaft gab sich demonstrativ „ungeduldig"[278]. In dieser „Rushhour" versuchte sich Bundestagspräsident Wolfgang Schäuble gegenüber der Bundeskanzlerin in der Rolle des Oppositionsführers zu profilieren. Nachdem sein Versuch, ein Notparlament im Grundgesetz zu verankern, zu Recht gescheitert war, stellte er nun fest, dass der Lebensschutz in der Pandemie nicht absolut sein könne.[279] Verfassungsrechtlich ist dieser Satz eigentlich banal. Wie wir bereits gesehen haben, steht das Grundrecht auf Leben und Gesundheit (Art. 2 Abs. 2 S. 1 GG) unter einem Gesetzesvorbehalt (Art. 2 Abs. 2 S. 3 GG), was Abwägungsspielräume eröffnet, die mit Blick auf gesundheitliche Risikoabschätzungen auch für die Lockerung von Pandemiebeschränkungen genutzt werden. Doch in der föderal und wirtschaftlich aufgeheizten „Exit"-Debatte entfaltet im Mai 2020 die Äußerung des Bundestagspräsidenten die Wirkung einer politischen Schubkraftumkehr mit Blick auf die Pandemiemaßnahmen. Die Dynamik dieser Debatte wird deutlich, wenn sich der Grüne Oberbürgermeister der Stadt Tübingen – Boris Palmer – mit dem Satz zitieren lässt: „Ich sage es Ihnen mal ganz brutal: Wir retten in Deutschland möglicherweise Menschen, die in einem halben Jahr

3. Opposition

sowieso tot wären – aufgrund ihres Alters und ihrer Vorerkrankungen."[280] Doch letztlich handelt es sich bei dieser Diskussion personell wie inhaltlich um ein Déjà-vu: Wir haben sie schon einmal mit Blick auf § 14 Abs. 3 LuftSiG erlebt, also die Möglichkeit der gezielten Tötung von unschuldigen Passagieren und Crewmitgliedern durch die Bundesluftwaffe, wenn Terroristen ein Flugzeug wie am 11. September 2001 in eine Waffe verwandeln. Mit Urteil vom 15. Februar 2006 hatte das Bundesverfassungsgericht § 14 Abs. 3 LuftSiG wegen eines Verstoßes gegen die Menschenwürdegarantie (Art. 1 Abs. 1 GG) und das Lebensrecht (Art. 2 Abs. 2 S. 1 GG) von unschuldigen Menschen für verfassungswidrig erklärt.[281] Den damaligen Bundesinnenminister Wolfgang Schäuble beschäftigte die Frage, wie man angesichts dieses Urteils des Bundesverfassungsgerichts eine nach seinen Begriffen effektive Terrorismusbekämpfung überhaupt gestalten könne. In dieser Diskussion war von Befürwortern der Regelung des § 14 Abs. 3 LuftSiG vor dem Bundesverfassungsgericht und sodann in der Kritik der Entscheidung argumentiert worden, die Menschen im Flugzeug hätten sowieso nicht mehr lange zu leben. Auch an der damaligen Diskussion hatte sich Wolfgang Schäuble subtil beteiligt – mit einer Empfehlung, das Buch „Selbstbehauptung des Rechtsstaats" zu lesen,[282] das eine äußerst kritikwürdige Theorie des „Bürgeropfers" in der Ausnahmelage vertritt.[283] Es war schon damals klar, dass sich die Wertungen des Luftsicherheitsrechts eines Tages an ganz normalen Krankenbetten wieder stellen würden. Freilich mit dem Unterschied, dass es nun in der Pandemie nicht mehr „nur" um Minuten, sondern offensichtlich um (halbe) Jahre des „Bürgeropfers" gehen soll. Dies zeigt aber auch: Wir erleben in der „Rushhour" des „Pandemieexits" eine Neuauflage der Debatte des nunmehr Triage genannten „Bürgeropfers", in der vordergründig von der Abwägung des Lebensrechts gesprochen wird, die aber auf die Menschenwürde vulnerabler Personen, also der Schwächsten in unserer Gesellschaft zielt.

Im föderalen System entfalteten sich die Position und Opposition in der zweiten Phase der Corona-Pandemie ebenfalls auf ungewohnte Weise: einerseits die „klare Ansage" des bayerischen Ministerpräsidenten Markus Söder (CSU), andererseits die „diskursive Transparenz" des nordrhein-westfälischen Ministerpräsidenten Armin Laschet (CDU) mit Blick auf die Lockerung von Pandemiemaßnahmen. Es entspricht der Komplexität des Verhältnisses von Position und Opposition in der Corona-Krise, dass sich diese idealtypisch beschriebenen Politikstile wiederum sehr unterschiedlich in das politische System der Bundesrepublik zurückspiegeln: In föderaler Hinsicht werden politische Alternativen im Umgang mit der Corona-Pandemie deutlich, die ein zentralistischer Einheitsstaat nicht zu bieten hat. In parteipolitischer Hinsicht entscheidet der (Miss-)Erfolg der beiden Positionen über die nach wie vor offene Machtfrage in der CDU/CSU und damit die K-Frage – gegebenenfalls auch in der Krise zugunsten Angela Merkels. In demoskopischer Hinsicht sind in der Corona-Krise allein die Werte der CDU/CSU gestiegen. Stand die CDU zu Beginn diesen Jahres vor allem mit Blick auf die Regierungsbildungskrise in Thüringen[284] und den Rücktritt ihrer Vorsitzenden auf Raten vor einer offenen Parteikrise, gewinnt sie als einzige Partei in der Corona-Krise an politischer Zustimmung: CDU/CSU erhielten bei der „Sonntagsfrage" Ende April 2020 einen Wert von 38 %.[285] Bestätigt das aber nicht am Schluss doch die These, dass Opposition in der Krise verliert? Doch wir haben gesehen, dass die Antwort komplizierter und die Krise längst noch nicht vorbei ist.

VII. Regierung und Verwaltung

Regieren in Krisen- und damit auch Corona-Zeiten ist äußerst komplex: Regierungsentscheidungen und Regierungsinformationen haben weitreichende Konsequenzen, entscheiden über menschliche Existenzen und Schicksale, den sozialen Zusammenhalt und die wirtschaftliche Zukunft von Gesellschaften. Auch in der Corona-Krise kommt es darauf an, sich die Komplexität des Regierens von der Gemeinde- über die Landes- und Bundes- bis zur europäischen Ebene immer wieder vor Augen zu führen. Da ist es leichter, von der „Herrschaft der Experten" („Expertokratie") oder gleich von der „Herrschaft des Virus" („Virolokratie") zu sprechen: Nicht die gewählten Politiker/innen entscheiden, sondern die Virologinnen und Virologen. Doch schon die Entscheidungen über den „Shutdown" und sodann die Entscheidungen über die Lockerung der Pandemiemaßnahmen waren und sind zu vielschichtig, als dass sie von Medizinerinnen und Medizinern getroffen werden könnten. Aber auch umgekehrt gilt: Keine Politikerin und kein Politiker kann in einer Pandemie ohne medizinische, aber auch soziale und ökonomische Expertise regieren. Welche hohen Anforderungen an sowohl wissenschaftlich informierte als auch demokratisch legitimierte Entscheidungen in der Corona-Krise zu stellen sind, zeigt uns die Anregung des amerikanischen Präsidenten, die intravenöse Gabe von Bleich- und Desinfektionsmitteln zur Bekämpfung von COVID-19 zu prüfen.[286]

Das notwendige Zusammenspiel von Politik und Wissenschaft in der Corona-Krise lässt sich nicht auf die Formel bringen: Virologie berät, Politik entscheidet. Laura Münkler hat gezeigt, dass die operative Ebene informierten Regierens sehr viel komplexer ist:[287] In der demokratischen Verfassungsordnung muss Expertise wissenschaftlich repräsentativ und transparent in den politischen Entscheidungsprozess einfließen. Sie muss sich öffentlich erklären und der wissenschaftlichen Kritik der Forscher/innen aussetzen, die den Elfenbeinturm nicht verlassen haben, die in Instituten, Universitäten und Akademien (Leopoldina) organisiert oder wiederum in speziellen Gremien der wissenschaftsbasierten Politikberatung (z. B. Deutscher Ethikrat) versammelt sind. Mit anderen Worten: Der demokratische Verfassungsstaat nutzt eine ganze Wissenschaftslandschaft, um sich des Wissens zu vergewissern, das in politische Entscheidungen einfließt. Dieser wissenschaftliche Einfluss auf die Politik wird sodann wiederum von politischen Institutionen im fortlaufenden diskursiven Austausch mit wissenschaftlicher Expertise reflektiert: vor allem von spezialisierten Wissenschaftsbehörden wie dem RKI, aber auch der Ministerialbürokratie, die politische Erfahrung speichert und über informelles und normatives Regierungswissen verfügt, dessen Einsatz wiederum von einer kritischen Öffentlichkeit begleitet wird. In dieser wissenschaftlichen und politischen Landschaft stehen in der Corona-Krise immer alternative Problemanalysen und alternative Entscheidungs- und Handlungsmöglichkeiten zur Verfügung, die sowohl seitens der Wissenschaft als auch seitens der Politik diskutiert und hinterfragt werden. Damit ist in der Corona-Krise von vornherein ein Rückzug auf TINA-Politiken[288] ausgeschlossen, die wissenschaftliche und politische Alternativlosigkeiten suggerieren.[289] Aber was bedeutet „alternatives" Regieren? Um diese Frage zu beantworten, müssen wir einen Blick auf den Föderalismus, die Versuchungen des „Durchregierens" und vor allem auch auf die gerichtliche Kontrolle werfen.

1. Föderalismus

Der deutsche Föderalismus als dezentrale Form politischer Herrschaft ist ein Exekutivföderalismus. Da Herrschaft im Alltag primär Verwaltung ist,[290] sind die Länder als dezentrale – vom Zentralstaat (Bund) – getrennte staatliche Organisationseinheiten vor allem exekutiv mächtig. Verfassungsrechtlicher Anknüpfungspunkt für diese Einsicht ist Art. 83 GG. Er besagt, dass im Regelfall die Länder die Bundesgesetze als eigene Angelegenheit ausführen. Was aus einem Bundesgesetz in der Praxis wird, hängt, sofern der Bund nicht ausnahmsweise den Gesetzesvollzug übernimmt (Art. 87 GG), von den Bundesländern einschließlich der unteren – kommunalen – Verwaltungsebene ab. Das gilt auch für das Infektionsschutzgesetz. Die zuständigen Behörden zu bestimmen, ist Landessache, wie § 54 IfSG deklaratorisch festhält. So klar der Befund ist, so hat doch auch in der Corona-Krise ein antiföderaler Reflex gegriffen, der gewissermaßen die dunkle Seite des unitarischen Bundesstaates ist.[291] Unitarisch ist der Bundesstaat, weil die Bundesgesetze, eigentlich als Ausnahme gedacht (Art. 70 Abs. 1 GG), praktisch der Regelfall sind. Die normative Programmierung der allermeisten Lebensbereiche, das gilt auch für den Infektionsschutz,[292] liegt damit in der Hand des Bundes. Trotz aller interpretatorischen Unschärfen und (Ermessens-)Spielräume, die nahezu jedem Gesetz eigen sind und die einen eigenen Verwaltungsstil bedingen, der das Gesetz informell prägt, engen die Normprogramme der Bundesgesetze den Raum des durch die Länder Gestaltbaren ein. Das ist der unitarisierende Sog, der von Bundesgesetzen ausgeht. Der naheliegende Fehlschluss ist die Annahme, dass eine ohnehin durch den Bund geregelte Materie, die sich zudem auf einen Sachverhalt beziehe, der bundesweit relevant sei (Pandemie), effektiver durch den Bund gesteuert werden könne. Dieses Vorurteil basiert weniger auf verwaltungswissenschaftlicher Analyse als auf dem im politisch-medialen Verstärkerkreislauf entstehenden Eindruck, die Länder agierten in der Corona-Krise, insbesondere bei den Grundrechtsbeschränkungen, zu divers; und das könne nur durch einen starken Zentralstaat – den Bund – verändert werden. Bundesminister/innen, die sich der Öffentlichkeit als „Macher" präsentieren und gegebenenfalls auch für höhere Aufgaben empfehlen wollen, können mit dieser Kritik signalisieren, dass die beim Bund kumulierte Macht den Infektionsschutz auch auf der Anwendungsebene vor Ort besser mache, was letztlich ihnen zu verdanken sei.

Schon die Unterstellung, dass die Ausführung des Infektionsschutzgesetzes durch die Länder – konkret: die kommunale Ebene, die je nach kommunalverfassungsrechtlicher Lage in die Landesverwaltung integriert ist[293] – in der Corona-Krise defizitär sei, lässt sich empirisch nicht belegen. Dezentralisierter Normvollzug in einem Flächenstaat ist nie ein flächendeckend-uniformer Vorgang. Vollzugsgeschwindigkeit und -effizienz variieren, wie auch die Erledigungszahlen in der Justiz je nach Gericht und Bundesland variieren. Eine gewisse Diversität des Normvollzugs ist Folge der im Föderalismus immer angelegten staatsorganisatorischen Ungleichheit. Die Teilstaaten (Bundesländer) erleben sie als Selbständigkeit, die Bürgerinnen und Bürgern zu oft nur als Widerspruch zu ihrem grundrechtlichen Gleichheitsanspruch. „Gefühlt" mag das so sein, nicht aber juristisch, weil der Bezugspunkt der Gleichheitsprüfung nicht die Staatsgewalt als Ganzes, sondern der jeweilige Teilstaat ist. Das Argument, dass die Corona-Bekämpfungsverordnung im rheinland-pfälzischen Mainz doch nicht anders ausfallen könne als auf der anderen Rheinseite im hessischen Wiesbaden, ist menschlich verständlich, aber im Rahmen des Grundgesetzes irrelevant. Auch in der Corona-Krise führt der Föderalismus zu Regulierungsungleichheit. Dass diese Schutzmaßnahmen, wie die im Detail unterschiedlichen Allgemeinverfügungen

1. Föderalismus

und Rechtsverordnungen (§ 28 Abs. 1, § 32 IfSG) belegen, unterschiedlich ausfallen, ist für Grundrechtsinhaberinnen und -inhaber nicht nur ein Nachteil. Föderalismus ist ein Instrument der Gewaltenteilung. Er setzt die Realisierung des bundesgesetzlichen Normprogramms der föderalen Vielfalt aus. Im gegebenen rechtssemantischen Rahmen, den die Normtexte des Infektionsschutzgesetzes markieren, bedeutet das zwar nicht, dass fundamentale Abweichungen möglich sind, aber die Abweichungen können im Detail durchaus signifikant sein. Das löst im Vergleich der Länder, wie auch die regelmäßigen Konferenzen zwischen Bundeskanzlerin und Ministerpräsidentinnen und Ministerpräsidenten in der Corona-Krise belegen, eine Konkurrenz um noch zulässige Freiheitsverkürzungen aus. Das ist ein zu selten bedachter Effekt des Exekutivföderalismus: Konkurrenzen in der Anwendung von Bundesgesetzen zur Quelle des Dissenses zu machen, die die zu strengerer oder großzügigerer Normanwendung neigenden Bundesländer unter politischen Rechtfertigungszwang setzen, der im Übrigen – Zeichen eines freien Diskurses – oft medial vervielfältigt bzw. initiiert wird. Das ist keine Schwäche des Föderalismus, sondern kann zum Vorteil für die grundrechtlich geschützte Freiheit werden. Der Föderalismus in seiner grundgesetzlichen Gestalt, insbesondere in seiner Ausgestaltung gemäß Art. 83 GG, erweist sich damit „als institutioneller Flankenschutz der Grundrechte. [...] Staatsorganisationsrecht [...] ist Grundrechtsschutzrecht."[294]

Infektionsschutzspezifische Staatsorganisation vor Ort meint die Tätigkeit der unteren Gesundheitsbehörde. Sie wird meist „Gesundheitsamt" genannt, obgleich das Infektionsschutzgesetz zwischen den eher fachlich-sachverständigen Aufgaben[295] des Gesundheitsamtes als einer mindestens mit einem Amtsarzt besetzen Behörde (§ 2 Nr. 14 IfSG), die regelmäßig nur vereinzelte Gefahrermittlungs- und -erforschungs- sowie Eilbefugnisse hat,[296] und den operativ mit umfänglichen Eingriffsbefugnissen agierenden Sonderordnungsbehörden unterscheidet, die als „zuständige Behörde" etwa die Maßnahmen nach § 28 Abs. 1 S. 1 und 2 IfSG anordnen.[297] Auch wenn diese wesentlich in der preußischen Seuchengesetzgebung angelegte[298] Unterscheidung in der jüngeren Gesetzgebungspraxis aufgeweicht wurde,[299] prägt sie das Infektionsschutzgesetz, sodass das Gesundheitsamt als „medizinische[r] Fachdienst"[300] Teil der unteren Gesundheitsbehörde ist, die freilich je nach Landesrecht als ganze „Gesundheitsamt" heißen kann.[301] Dass die Nachverfolgung etwa von Infektionsketten in den lokalen Gesundheitsämtern gut aufgehoben ist und durch eine weit vom örtlichen Geschehen entfernt tätige Bundesoberbehörde nicht effektiver als durch Landesbehörden ausgeübt werden kann, sollte unstreitig sein. Ein dringender Bedarf für die Errichtung bundeseigener Unterbehörden, sozusagen Bundesgesundheitsämter, ist nicht erkennbar (Art. 87 Abs. 3 S. 2 GG). Denn dann müsste diese Form der Bundesverwaltung für die sachgerechte Erledigung der Aufgabe notwendig, d. h. anderen administrativen Möglichkeiten deutlich überlegen sein.[302] Es ist aber nicht ersichtlich, dass die Gesundheitsämter in den Ländern ihre Aufgaben strukturell suboptimal erfüllen. Wenn aber der Bund nicht operativ stärker wirken kann, dann bleibt ihm nur eine stärkere strategische Steuerung. Das Grundgesetz sieht hierfür verschiedene Optionen vor (Art. 84 Abs. 2 bis 5 GG), die allesamt ein alleiniges Agieren des Bundes im Ergebnis kaum gestatten, abgesehen von der Bundesaufsicht (Art. 84 Abs. 3, 4 GG), die Rechtsverstöße der Länder bei der Anwendung des Infektionsschutzgesetzes voraussetzt, um die es aber in der Corona-Krise nicht geht. Das Infektionsschutzgesetz kennt auch keinen Fall zulässiger Einzelweisungen (Art. 84 Abs. 5 GG), der durch zustimmungspflichtiges Bundesgesetz geregelt werden müsste. Verwaltungsvorschriften gibt es nur punktuell (Art. 84 Abs. 2 GG).[303] Sie unterliegen zudem der Zustimmung des Bundesrates. Der Bund, und insbesondere das Bundesministerium für Gesundheit, kann – sieht man von den Notstandsbefug-

1. Föderalismus

nissen des § 5 IfSG ab – den Infektionsschutz weder durch Rechtsverordnungen noch durch Anordnungen steuern.

Auch das Robert Koch-Institut (RKI) wirkt nicht durch „klassische" abstrakt-generelle oder konkret-individuelle Hoheitsakte. Seine Stärke ist die Steuerung durch Wissen. „Das RKI ist gewissermaßen die Bundesagentur für Wissensvermittlung im infektionsrelevanten Gesundheitswesen."[304] Wie die in den Befugnisnormen des Infektionsschutzgesetzes gespeicherten Handlungsoptionen von den zuständigen Behörden vor Ort sinnvoll eingesetzt werden, hängt wesentlich vom medizinischen bzw. epidemiologischen Wissen ab. Faktisch wird dies auch in der Corona-Krise wesentlich durch die vielen Expertinnen und Experten präjudiziert, die im RKI versammelt sind. Die Bundesoberbehörde RKI ist, funktional betrachtet, das Bundesgesundheitsamt, das es seit 1994 dem Namen nach nicht mehr gibt.[305] Mag das RKI auch im föderal fragmentierten Gesundheitswesen formal keine starke Stellung haben, seine informale Stärke ist umso größer. Vor allem das RKI sammelt, sichtet und systematisiert jenes relevante Wissen, das zumindest eine große Chance hat, noch im entlegensten Gesundheitsamt beachtet zu werden. Die Zusammenführung der lokal erhobenen Daten zum Infektionsgeschehen in der Corona-Krise durch das RKI hat das verdeutlicht. Es bereitet das wissenschaftliche Wissen in einem nationalen, inter- und supranationalen Netzwerk (§ 4 Abs. 2, 3 IfSG) auf und erstellt insbesondere handlungsorientierte Empfehlungen (§ 4 Abs. 2 Nr. 1 IfSG), wie sie in der Corona-Krise Gang und Gäbe sind.[306] Diese Aufgabenteilung zwischen einem informationell steuernden RKI und primär operativ steuernden Landesbehörden ist sinnvoll, weil das infektiologische und epidemiologische Wissen in internationalen Zusammenhängen gewonnen und debattiert wird, aber in regionalen und lokalen Bezügen – die Vor-Ort-Kenntnisse implizieren – umgesetzt werden muss. Epidemiologische Einsicht ohne administrativ angewandte

Epidemiologie ist praktisch folgenlos, administrativ angewandte Epidemiologie ohne epidemiologische Einsicht ist epistemisch orientierungslos.

Wer den Wissenstransfer zwischen RKI und Verwaltung in den Ländern einerseits, und den Meldeverkehr zwischen Verwaltung in den Ländern und RKI andererseits optimieren will, muss die informationstechnischen Bedingungen eines zügigen Informationsaustauschs gewährleisten (§ 14 IfSG). Das hat relativ wenig mit Gesetzen zu tun, aber viel mit Infrastruktur und genügend qualifiziertem Personal. Gemäß § 5 Abs. 2 S. 1 Nr. 9 IfSG, der in der Corona-Krise geschaffen wurde,[307] kann das Bundesgesundheitsministerium für den Bund Finanzhilfen gemäß Art. 104b Abs. 1 S. 2 GG (Fall der staatlich nicht kontrollierbaren Naturkatastrophe bzw. außergewöhnlichen Notlage) für Investitionen der Länder, Gemeinden und Gemeindeverbände zur technischen Modernisierung der Gesundheitsämter und zum Anschluss dieser an das elektronische Melde- und Informationssystem nach § 14 IfSG zur Verfügung stellen. Zwar bedarf der Bund, wie Art. 104b Abs. 1 S. 1 GG es für den Regelfall verlangt, keiner Gesetzgebungsbefugnis.[308] Dennoch dürfte § 5 Abs. 2 S. 1 Nr. 9 IfSG nicht mit Art. 104a Abs. 5 S. 1 GG vereinbar sein, wonach Bund und Länder die bei ihren Behörden bestehenden Verwaltungsausgaben, also alle persönlichen oder sächlichen Aufwendungen für den Betrieb und die Unterhaltung des Verwaltungsapparats, tragen.[309] Die Gesundheitsämter der Länder technisch arbeitsfähig zu machen, ist keine Aufgabe des Bundes. Art. 104b Abs. 1 S. 2 GG muss im Lichte des Art. 104a Abs. 5 S. 1 GG eingeschränkt ausgelegt werden, nach dessen Regelung Bund und Länder die bei ihren Behörden entstehenden Verwaltungsausgaben jeweils selbst tragen. Bei der Handhabung von Art. 104a Abs. 5 S. 1 und Art. 104b GG sind jedoch viele dogmatische Fragen ungeklärt. Dass die Bundesländer sich gegen die Gewährung des Geldes, gar aus verfassungsrechtlichen Gründen, wehren

1. Föderalismus

werden, ist nicht anzunehmen. Das Medium „Geld" steuert hier ersichtlich wirkungsvoller als das Medium „Recht", obgleich das Finanzverfassungsrecht den Anspruch erhebt, die tendenziell grenzenlose Gier nach immer mehr Geld, das vom Bund an die Länder umverteilt wird, rechtlich zu disziplinieren. Nicht selten drängt sich der Eindruck auf, dass beim Bund und auch bei den Bundesländern ein eher taktisches Verhältnis zu den Regeln des Finanzverfassungsrechts gepflegt wird, wenn und solange es politisch passt.[310] Es gilt der realpolitische Grundsatz „pecunia non olet".

Die verfassungsrechtlich problematische Regelung des § 5 Abs. 2 S. 1 Nr. 9 IfSG verdeutlicht, wo das eigentliche Problem liegt: Der Infektionsschutz leidet nicht in erster Linie an einem Normierungsproblem. Es geht vielmehr um ein Implementierungsproblem, genauer: um Optimierungsbedarf bei der Infrastruktur *und* bei der Personalausstattung. Das Personalproblem der Gesundheitsämter adressiert die fragwürdige Norm des § 5 Abs. 2 S. 1 Nr. 9 IfSG nicht. Auch die Bediensteten der Gesundheitsämter wurden zwischenzeitlich mit gönnerhafter Liebenswürdigkeit zu „Corona-Heldinnen" bzw. „Corona-Helden" verklärt. Das ändert aber nichts daran, dass die Bereitschaft insbesondere von Ärztinnen und Ärzten, in einem Gesundheitsamt zu arbeiten, überschaubar ist. Aus Pietätsgründen, zumal in der Corona-Krise, wird in der Öffentlichkeit gerne verschwiegen, dass auf der Reputationshierarchie der ärztlichen Berufe eine Tätigkeit im Gesundheitsamt etwa dort angesiedelt sein dürfte, wo im juristischen Bereich der Ruf von Sozialrechtlern und Kriminologen angesiedelt ist. Dass das von Ignoranz und Arroganz derer zeugen könnte, die solche Reputationshierarchien ersinnen, mag sein, ändert aber nichts an wirkmächtigen professionsspezifischen Vorurteilen. Die im Vergleich zu den Verdienstchancen anderer ärztlicher Tätigkeitsfelder nicht eben lukrative Vergütung für eine zudem eher beamtenhaft-bürokratische Arbeit, die

im Regelfall weit weg vom Patienten stattfindet, verbessert das Reputationsranking nicht – bedauerlicherweise, denn die Bewältigung der Corona-Krise setzt wesentlich auf die Tätigkeit der Gesundheitsämter bei der Testung, der Ermittlung von Infektionsketten und der Beratung bei der Verhängung notwendiger Schutzmaßnahmen. Wer in der Corona-Krise oder danach den Infektionsschutz optimieren will, wird, was nie ein Nachteil ist, über eine pandemieadäquate Reform des Infektionsschutzgesetzes nachdenken müssen. Allerdings sollte das nicht von den realen Rahmenbedingungen ablenken, von deren faktischer Wirksamkeit die (reformierten) Normen des Infektionsschutzgesetzes abhängen. Für die künftige Effektivität des Infektionsschutzes dürfte eine Strategie der Personalgewinnung für die Aufgabenerfüllung in den Gesundheitsämtern noch wichtiger sein als neue Normen. Hier müssen sich die Länder untereinander abstimmen, um den demographischen Wandel, der auch für die öffentliche Verwaltung hauptsächlich Fachkräftemangel ist, gemeinsam in den Griff zu bekommen und nicht durch einen „Wettbewerbsföderalismus" der Ellbogen zu verschlimmern. Die bei Verwaltungsreformen gerne präferierte Lösung, Behörden, also Gesundheitsämter zusammenzulegen, d.h. ihre Anzahl in der Fläche zu reduzieren, würde durch fehlende Ortskenntnis und lange Anfahrtswege erkauft. Infektionsschutz wird dadurch nicht effektiver. Dies verdeutlicht: Wer im Föderalismus von Infektionsschutz spricht, sollte sich nicht nur mit den Normen des Infektionsschutzgesetzes oder den ergänzenden Bestimmungen auf Landesebene (etwa den Gesetzen über den öffentlichen Gesundheitsdienst) beschäftigen. Normen sind eine feine Sache, nur leider vollziehen sie sich nicht selbst. Wo es nicht genügend schnell einsetzbares Personal gibt, das die infektionsschutzrechtlichen Normen anwendet, läuft das Recht und damit die Aufgabe, die es reguliert, ins Leere. Das ist auch in der Corona-Krise deutlich geworden, weshalb in manchen Bundesländern auf Zeit neben den Gesundheitsämtern die unteren allgemeinen Ordnungsbehörden für den Vollzug des einschlägigen Corona-Verordnungsrechts für zuständig erklärt wurden, „wenn die Gesundheitsämter nicht rechtzeitig erreicht oder tätig werden können, um eine bestehende Gefahrensituation abwenden zu können."[311] Es liegt auf der Hand, dass solche Regelungen zur Idee einer fachlich überzeugenden Erledigung von Verwaltungsaufgaben durch spezialisierte Behörden, die etwas von der Sache verstehen („sachliche Zuständigkeit"), nicht ganz passen. Sie sind ein Kompromiss aus effektiver Gefahrenabwehr und der Nichtverfügbarkeit spezialisierten Personals. Dass Personal benötigt wird, um Verwaltungsaufgaben erfüllen zu können, ist ebenso banal wie basal. Wie alles scheinbar Selbstverständliche gerät es gelegentlich in Vergessenheit, zumal in einem öffentlichen Diskurs, der ganz generell zu stark um die Änderung von Rechtsnormen als Symbol politischer Tatkraft angelegt ist.

2. Durchregieren?

Die schützenden Formen sind das Erkennungszeichen des Rechtsstaats. Die Formalisierung und Disziplinierung noch so gut gemeinter Staatsgewalt ist auch im Rechtsstaat nötig, um legitime Staatsgewalt von illegitimer Staatsgewalttätigkeit unterscheiden zu können. Dazu sind Deutungsschemata und Kontrollkriterien nötig, die die Machtbegrenzungslogik des Rechtsstaats operabel machen. Zentrale Bedeutung hat der Vorrang insbesondere des Parlamentsgesetzes (Art. 20 Abs. 3 GG), an das die Exekutive auch gebunden ist, wenn sie zum Erlass von Rechtsverordnungen ermächtigt wird: Dabei müssen Inhalt, Zweck und Ausmaß der erteilten Ermächtigung im Gesetze bestimmt werden (Art. 80 Abs. 1 S. 2 GG). Insofern liegt einiges im Argen, wie ein kritischer Blick auf § 5 Abs. 2 IfSG belegt. Er wurde durch das „Gesetz zum Schutz der Bevölkerung bei einer epidemischen Lage von nationaler Tragweite",[312] dem ein Ergänzungsgesetz gefolgt ist,[313] eingeführt und gestattet der Sache nach die Ausrufung eines auf das Gesundheitswesen bezogenen Notstands.[314] In Anlehnung an die auf die Gewährleistung der Daseinsvorsorge bezogenen wirtschaftlichen Sicherstellungsgesetze,[315] die Mitte der 1960er Jahre im Vorgriff auf die Änderungen des Grundgesetzes durch die sog. Notstandsverfassung[316] ergangen sind und bis in die Gegenwart aktualisiert werden, stellt der Deutsche Bundestag eine epidemische Lage von nationaler Tragweite fest; beim Fortfall der (in zwei Vorentwürfen, aber nicht mehr im Gesetzentwurf und im Gesetz definierten)[317] Voraussetzungen hebt der Bundestag die Feststellung auf (§ 5 Abs. 1 IfSG). Die Feststellung der epidemischen Lage von nationaler Tragweite hat der Bundestag im Anschluss an die Verabschiedung des Gesetzes getroffen.[318] Die Feststellung hat zur Folge, dass dem Bundesgesundheitsministerium umfängliche Ermächtigungen zum Erlass von (sofort verbindlichen, § 5 Abs. 4 S. 5 IfSG) Anordnungen sowie von Rechtsverordnungen (Erlass durchweg ohne Zustimmung des Bundesrates) zuwachsen (§ 5 Abs. 2 IfSG). Rechtsverordnungen treten mit der Aufhebung der epidemischen Lage außer Kraft, spätestens am 31. März 2021 (zu Ausnahmen § 5 Abs. 4 S. 3 IfSG). Entsprechendes gilt für die Anordnungen (§ 5 Abs. 4 S. 4 IfSG). Die Rechtsverordnungsermächtigungen, von denen inzwischen mehrfach Gebrauch gemacht wurde,[319] ermöglichen zahlreiche Modifikationen und vor allem Ausnahmen praktisch im gesamten öffentlich-rechtlichen Recht der Gesundheit. Die Rechtslage im Bereich des Gesundheitsnotstands wird dadurch verkompliziert, dass Bayern[320] und Nordrhein-Westfalen[321] eigene Regelungen über den Gesundheitsnotstand geschaffen haben. Sie führen insbesondere im Hinblick auf die Frage, ob bzw. inwieweit Bundesrecht Landesrecht bricht, zu schwierigen Abgrenzungen, außerdem werfen sie auch in grundrechtlicher Hinsicht manches Fragezeichen auf, etwa wenn es um die Inpflichtnahme von Gesundheitsberufen geht. Schon

2. Durchregieren?

unter dem Aspekt des bundesfreundlichen Verhaltens sollten die Bundes- und die Landesnormen soweit wie möglich so ausgelegt und angewandt werden, dass Normenkollisionen vermieden werden.

Verfassungsrechtlich problematisch ist zunächst,[322] dass es § 5 Abs. 2 IfSG in vielfacher Hinsicht gestattet, durch Rechtsverordnung von Parlamentsgesetzen (und von auf diese gestütztem untergesetzlichem Recht) abzuweichen. Solche Rechtsverordnungen, die zu einer „Anwendungsbeschränkung von Gesetzen"[323] führen, sind nicht gänzlich ausgeschlossen, aber auch nicht unbeschränkt zulässig.[324] Der Vorrang des parlamentarisch legitimierten Gesetzes und damit die demokratische Verantwortung des parlamentarischen Gesetzgebers darf nicht umgekehrt werden. Das geschieht, wenn das Parlamentsgesetz bloß eine Art Blankett ist, das substantiell von der (normsetzenden) Verwaltung ausgefüllt wird. Wer den Normtext des § 5 Abs. 2 S. 1 Nr. 3, 4, 7, 8, 10 IfSG („Ausnahmen", „abweichende Regelungen") in den Blick nimmt, wird diese Bestimmungen für zumindest „erheblich problematisch"[325] halten müssen. Das Verdikt der Verfassungswidrigkeit lässt sich vermeiden, wenn die jeweiligen Ermächtigungen, Ausnahmen zu regeln bzw. abweichende Regelungen zu schaffen, höchst restriktiv ausgelegt werden. Die Tatbestandsvoraussetzungen, die den Weg zur Ausnahme bzw. Abweichung ebnen, müssen so gehandhabt werden, dass der Regelungsplan des Gesetzes oder der Rechtsverordnung, von der abgewichen wird, weder vollständig noch in wesentlichen Teilen aufgehoben bzw. geändert wird. Je mehr der Verordnungsgeber regelt und je umfänglicher und tiefgreifender er in den Regelungsplan des jeweiligen Normenwerkes eingreift, desto eher verstößt die Verordnung gegen den Vorrang des (Parlaments-) Gesetzes. Dieses Erfordernis nähert sich im Ergebnis stark den Vorgaben des Art. 80 Abs. 1 S. 2 GG an.[326] Danach muss durch Auslegung der parlamentsgesetzlichen Ermächtigungsnorm deutlich werden, dass der Gesetzgeber selbst (sog. Selbstentscheidungsformel) das Programm (sog. Programmformel) definiert hat, das mit der Rechtsverordnung erreicht werden soll, was voraussetzt, dass vorhersehbar ist, für welche Fälle und mit welcher Tendenz von der Ermächtigung Gebrauch gemacht werden wird (sog. Vorhersehbarkeitsformel).[327] Auch in diesem Lichte sind alle Ermächtigungen zum Erlass von Rechtsverordnungen höchst restriktiv auszulegen, um das Verdikt der Verfassungswidrigkeit zu vermeiden. Das gilt erst recht, wenn mit diesen Normen in Grundrechte eingegriffen wird. Dementsprechend heißt es in den wirtschaftlichen Sicherstellungsgesetzen, die unausgesprochen als Folie für § 5 Abs. 2 IfSG dienen, dass sie auf das unerlässliche Maß zu beschränken und inhaltlich so auszugestalten sind, dass insbesondere in Grundrechte so wenig wie möglich eingegriffen wird.[328]

Was bedeutet das für die einzelnen Rechtsverordnungsermächtigungen? § 5 Abs. 2 S. 1 Nr. 3 IfSG schafft z. B. eine umfassende Befugnis, durch Rechtsverordnung von jeder Bestimmung des IfSG (und den auf das IfSG gestützten Rechtsverordnungen) abzuweichen, „um die Abläufe im Gesundheitswesen und die Versorgung der Bevölkerung aufrecht zu erhalten". Richtigerweise muss jede Abweichung zwingend geboten sein, um die Funktionsfähigkeit des Gesundheitswesens („Abläufe") oder die infektionsschutzadäquate Versorgung der Bevölkerung mit Lebensmitteln zu gewährleisten („aufrecht zu erhalten"). Es muss deutlich werden, dass ohne die jeweilige Regelungsausnahme bzw. -abweichung „die" – also alle wesentlichen – Abläufe im Gesundheitswesen nicht mehr aufrechterhalten werden können bzw. eine infektionsschutzkonforme Lebensmittelversorgung der Bevölkerung ausgeschlossen ist. Danach verbieten sich etwa Änderungen der Befugnisnormen (§ 16, § 17 Abs. 4, § 20 Abs. 6, § 28, § 32 IfSG). Sie dürfen durch Rechtsverordnung nicht modifiziert, ersetzt oder erweitert werden. Dasselbe – Gebot der höchst restriktiven, regelungsplanwahrenden Auslegung – gilt etwa,

2. Durchregieren?

wo von der „Aufrechterhaltung der Gesundheitsversorgung" (§ 5 Abs. 2 S. 1 Nr. 7 IfSG) oder der „Aufrechterhaltung der pflegerischen Versorgung" (§ 5 Abs. 2 S. 1 Nr. 8 IfSG) die Rede ist.

Die Gesetzesbegründung zu § 5 Abs. 2 IfSG meint, dass die Vollzugskompetenz der Länder sich nur auf den Vollzug der Anordnungen des Bundesgesundheitsministeriums sowie der Rechtsverordnungen beziehe, nicht aber auf den direkten Vollzug des § 5 Abs. 2 IfSG durch Anordnungen. Zugleich betont die Begründung, dass die Befugnisse des Bundes „unbeschadet" der Befugnisse der Länder gälten, denen im Übrigen die reguläre Vollzugskompetenz (Art. 83 GG) zustehe.[329] Die Anordnungsbefugnisse des Bundes sind ein Fall der Gesetzesausführung durch bundeseigene Verwaltung (Art. 86 S. 1 GG). Ihre Vereinbarkeit mit den grundgesetzlichen Vorschriften über die Verwaltungskompetenz ist fraglich. Nach der Grundregel des Art. 83 GG gilt, dass die Länder die Gesetze des Bundes, also auch das IfSG, ausführen, d.h. in verwaltungsmäßiger Form (etwa durch den Erlass von Verwaltungsakten) vollziehen.[330] Es fällt auf, dass die wirtschaftlichen Sicherstellungsgesetze, die als (unausgesprochenes) Vorbild für § 5 Abs. 2 IfSG dienen, zwar, wie erwähnt, den Erlass von Rechtsverordnungen durch den Bund (je nach gesetzlicher Regelung Bundesregierung[331] oder ein Bundesministerium)[332] vorsehen, aber die Kompetenz für den Vollzug des Gesetzes, auch durch Anordnungen, gemäß Art. 83 GG bei den Ländern sehen.[333] Sofern die Voraussetzungen des Art. 84 Abs. 5 GG vorliegen,[334] kann die Bundesregierung an das Land adressierte Einzelweisungen erteilen,[335] also im Innenverhältnis zum Land, aber nicht im verwaltungsverfahrensrechtlich relevanten Außenverhältnis agieren. Zum Teil handeln die Länder im Rahmen der sog. Bundesauftragsverwaltung (Art. 85 GG).[336]

Allerdings kennen die wirtschaftlichen Sicherstellungsgesetze auch eine gesetzliche Regelung, die besagt, Rechtsverordnungen könnten vorsehen, dass sie in bundeseigener Verwaltung ausgeführt werden, wenn dies zur Erreichung des Gesetzeszwecks erforderlich sei.[337] Im Fall der Bundesauftragsverwaltung wird es für zulässig erachtet, dass Rechtsverordnungen vorsehen, dass Bundesministerien „zu ihrer Ausführung Verfügungen" erlassen, „wenn sich […] die Auswirkungen der zu regelnden Angelegenheit auf mehr als ein Land erstrecken und der Zweck der Rechtsverordnungen mittels einer Weisung nach Artikel 85 Abs. 3 des Grundgesetzes und durch Verfügung der Landesbehörden nicht oder nicht rechtzeitig erreicht werden kann."[338] Weder hierfür noch dafür, dass Rechtsverordnungen bundeseigene Verwaltung vorsehen können, gibt es außer allgemein gehaltenen Verweisen auf die Dringlichkeit eine verfassungsrechtlich tragfähige Begründung.[339]

Vor diesem Hintergrund ist für die Anordnungskompetenz des Bundesgesundheitsministeriums festzuhalten: Weder Art. 84 Abs. 5 noch Art. 85 Abs. 3 GG gewähren dem Bund ein Selbsteintrittsrecht bei Dringlichkeit.[340] Ein Fall der ausnahmsweise möglichen Bundesverwaltung (Art 87 Abs. 1 S. 2, Art 87 Abs. 3 GG) liegt auch nicht vor.[341] Denkbar sind aber – mit Blick auf die Formulierung in Art. 83 GG „soweit dieses Grundgesetz nichts anderes bestimmt oder zuläßt" – nach der Rechtsprechung des Bundesverfassungsgerichts ungeschriebene Verwaltungszuständigkeiten des Bundes.[342] „Daß das Grundgesetz den Bund stillschweigend ermächtigt, Verwaltungsakte auf Gebieten zu erlassen, die nicht zur bundeseigenen Verwaltung nach Art. 86 ff. gehören, kann nur im Ausnahmefall angenommen werden," wenn der Zweck eines Gesetzes „durch das Verwaltungshandeln eines Landes überhaupt nicht erreicht werden kann"[343] bzw. „wenn die Erreichung des angestrebten Ziels […] durch die Länder von vornherein ausgeschlossen"[344] ist. Nur dann „könnte man annehmen, dass das Grundgesetz stillschweigend eine andere Regelung zuläßt, nämlich die, dass die Ausführung

2. Durchregieren?

dem Bund übertragen ist. Der Umstand, dass im Einzelfall eine Ausführung durch den Bund zweckmäßiger wäre, kann nicht als Argument dafür dienen, dass das Grundgesetz stillschweigend etwas anderes zuläßt."[345] „[…] Zweckmäßigkeitserwägungen […] sind grundsätzlich nicht geeignet, eine Verwaltungszuständigkeit des Bundes zu begründen […]."[346]

Es ist nicht erkennbar, dass das Ziel des § 5 Abs. 2 IfSG, soweit es um Anordnungen geht, von vornherein überhaupt nicht durch die Länder erreicht werden kann bzw. von vornherein ausgeschlossen ist. Dass es aus Sicht des Bundes zweckmäßig sein könnte, ist irrelevant. Selbst die wirtschaftlichen Sicherstellungsgesetze, bei denen eine stillschweigende Ermächtigung des Bundes insbesondere mit Blick auf die bundesweite Bedeutung des Spannungs- (Art. 80a GG) oder des Verteidigungsfalls (Art. 115a GG) nachvollziehbar wäre, halten für den Regelfall an der Vollzugskompetenz der Länder (Art. 83 GG) fest. Jedenfalls für den Erlass der in § 5 Abs. 2 S. 1 Nr. 1, Nr. 2, Nr. 6 IfSG genannten Anordnungen fehlt daher dem Bund die Verwaltungskompetenz, d.h., die gesetzlichen Bestimmungen widersprechen Art. 83 GG.[347] Allenfalls mit Blick auf § 5 Abs. 2 S. 1 Nr. 5 IfSG könnte dies anders zu bewerten sein, um die ungeteilte Nutzbarkeit eines Patents im Geltungsbereich des Patentgesetzes,[348] also bundesweit im Falle eines Infektionsschutz-Notstands zügig zu ermöglichen.

Was die Unvereinbarkeit jedenfalls von § 5 Abs. 2 S. 1 Nr. 1, Nr. 2, Nr. 6 IfSG mit Art. 83 GG verwaltungs(verfahrens)rechtlich bedeutet, ist nicht ganz klar, weil Uneinigkeit über die Frage herrscht, wie das Agieren einer Behörde zu bewerten ist, deren Verwaltungsträger die Verbandskompetenz (Verbandszuständigkeit) fehlt, etwa weil der Bund eine Zuständigkeit an sich gezogen hat, was zum Nachteil der Länder Art. 83 ff. GG widerspricht.[349] Während dies nach früherer Ansicht (unheilbar) zur sachlichen Unzuständigkeit führte, tendiert die heutige Diskussion dazu, Verwaltungsakte für anfechtbar zu halten, und zwar entweder in Anlehnung an die (heilbare) örtliche Unzuständigkeit (§ 44 Abs. 3 Nr. 1 VwVfG), was aber der grundlegenden Bedeutung der Verbandszuständigkeit nicht gerecht wird, oder wenn sich nicht ausschließen lasse, dass die Behörde unter irgendeinem Umstand mit der Sache befasst sein könne.[350] Genau daran fehlt es aber hier, denn von Verfassungs wegen (Art. 83 f. GG) kann der Bund – und damit auch das Bundesgesundheitsministerium – unter keinem Umstand zulässigerweise mit der Sache befasst sein. Daher sind jedenfalls Anordnungen des Bundesgesundheitsministeriums im Vollzug des § 5 Abs. 2 IfSG wegen absoluter sachlicher Unzuständigkeit (§ 44 Abs. 1 VwVfG) nichtig. Man sieht: Die schützenden Formen des Rechtsstaats wirken, auch bei der juristischen Kritik des § 5 Abs. 2 IfSG.

3. Gerichtliche Kontrolle

Rechtswissenschaftliche Kritik kann nur wirksam werden, wenn Gerichte ihr zur Wirksamkeit verhelfen. Das setzt voraus, dass Gerichte dazu faktisch in der Lage sind. Was aber, wenn eine Pandemie ihre Funktionsfähigkeit zu beeinträchtigen droht? Wer entscheidet darüber, ob Gerichte ihre Funktion ausüben können? Ist das Gesundheitsamt des Landkreises Karlsruhe[351], gestützt auf § 28 Abs. 1 S. 1 und S. 2 IfSG, befugt anzuordnen, dass der Bundesgerichtshof oder das Bundesverfassungsgericht aus infektionsschutzrechtlichen Gründen den Dienstbetrieb in den Räumlichkeiten an der Herrengasse 45a bzw. am Schlossbezirk 3 nicht mehr ausüben dürfen? Darf es Bundesrichter/innen auffordern, sich in Quarantäne zu begeben (§ 30 Abs. 1 S. 2 IfSG)? Dürfte die vom Gesundheitsamt im Wege der Vollzugshilfe herangezogene baden-württembergische Polizei solche Anordnungen durch Verwaltungszwang durchsetzen? Und wie müssten

3. Gerichtliche Kontrolle

sich dann die Beamtinnen und Beamten des „Bundespolizeireviers Bundesverfassungsgericht" verhalten, die für die Sicherheit des Bundesverfassungsgerichts zuständig sind? Könnte der Landkreis Karlsruhe auch sie in die Pflicht nehmen und der Bundespolizei den Verbleib in den Räumlichkeiten des Bundesverfassungsgerichts aus infektionsschutzrechtlichen Gründen untersagen? Es ist schwer vorstellbar, dass das Bundesverfassungsgericht solche Anordnungen widerstandslos hinnehmen würde, wo es doch selbst Urteile des Europäischen Gerichtshofs nicht akzeptiert.[352]

Wo das Problem liegt, verdeutlicht eine Bestimmung aus dem Corona-Verordnungsrecht des Landes Thüringen. Im Hinblick auf das Verbot der Veranstaltungen, Versammlungen, Demonstrationen, Ansammlungen und sonstigen Zusammenkünfte heißt es zunächst: „Ausgenommen vom Verbot [...] sind [...] Veranstaltungen, Ansammlungen und sonstige Zusammenkünfte der [...] Gerichte [...] von Bund und Ländern [...]."[353] Außerdem heißt es: „Unberührt bleibt die richterliche Unabhängigkeit nach Artikel 97 des Grundgesetzes und Artikel 86 Abs. 2 der Verfassung des Freistaats Thüringen einschließlich der verfahrensleitenden und sitzungspolizeilichen Befugnisse der Richter/innen, insbesondere soweit Richter die Art und Weise des Infektionsschutzes bei richterlichen Amtshandlungen innerhalb und außerhalb der Gerichte im Einzelnen ausgestalten."[354] Bemerkenswert ist zunächst, dass das Land als Verordnungsgeber auch mit Blick auf die Bundesgerichte meint, Verbote statuieren und von diesen dispensieren zu können. Ob das womöglich rein deklaratorisch gemeint ist und dem verfassungsrechtlichen Eigenstand der (Bundes-)Gerichte Raum geben soll, ist nicht ganz klar, wird aber klarer durch die Verweise auf Bundes- und Landesverfassung, soweit es um die (auch: sachliche) Unabhängigkeit der Richter/innen geht. Dass ihre Kompetenz Vorrang vor der exekutivischen Umsetzung des Infektionsschutzgesetzes hat, kommt einerseits in dem Wort

„unberührt" zum Ausdruck, das ein gesetzessprachlicher Indikator dafür ist, dass keine erschöpfende Regelung getroffen wurde, sondern Regelungsbefugnisse – hier: der Richter/innen – weiterbestehen.[355] Andererseits äußert sich der Vorrang der Judikative vor der Exekutive in dem Hinweis, dass Richter/innen im Rahmen ihrer Amtsausübung „die Art und Weise des Infektionsschutzes innerhalb und außerhalb der Gerichte im Einzelnen ausgestalten" dürfen. Damit wird das Infektionsschutzgesetz um einen Justizvorbehalt ergänzt, der in dessen Normtext nicht einmal ansatzweise erkennbar ist. Die sachliche Unabhängigkeit der Richter/innen, die im Rahmen der Gesetze (Art. 97 Abs. 1 GG) den unbeeinflussten Umgang mit der entscheidungsbedürftigen Sache betrifft, umfasst auch die von den Prozessgesetzen gerahmte Verfahrensgestaltung (etwa die Augenscheinseinnahme am Tatort, d. h. „außerhalb der Gerichte" im Sinne von Gerichtsgebäude bzw. -saal), aber auch die Einhaltung der Funktionsfähigkeit („Sitzungspolizei", § 176 Abs. 1 Gerichtsverfassungsgesetz [GVG]) der richterlichen Tätigkeit insbesondere im Gerichtssaal. Nicht erwähnt wird das öffentlich-rechtliche Hausrecht der Gerichtspräsidentinnen und -präsidenten als Annex zu deren Verwaltungskompetenzen im Rahmen der Gerichtsverwaltung,[356] das den Bereich außerhalb des Gerichtssaals betrifft, auf den sich die Sitzungspolizei (§ 176 Abs. 1 GVG) bezieht. Das Hausrecht wird ferner durch den Öffentlichkeitsgrundsatz (§ 169 Abs. 1 S. 1 GVG) begrenzt,[357] dessen Missachtung wiederum revisionsträchtig ist.[358] All diese Vorgaben muss z. B. auch ein Justizministerium beachten, das in einer Corona-Verordnung ermächtigt wird, von den sonstigen Verordnungsvorschriften abweichende Regelungen zur Gewährleistung der Funktionsfähigkeit der Justiz zu erlassen.[359] So hat etwa das Justizministerium Sachsen-Anhalts im Erlasswege geregelt, dass u. a. auch die Gerichte die Abstands- und Hygieneregelungen möglichst weitgehend zu beachten haben; ob eine Anwesenheitsliste geführt werde,

3. Gerichtliche Kontrolle

sei „der Entscheidung des Vorsitzenden im Rahmen seiner sitzungspolizeilichen Befugnisse vorbehalten."[360]

Im Ergebnis bedeutet das: Die Vorsitzenden Richter/innen sind in „ihrem" Gerichtssaal für das jeweilige Verfahren, funktional betrachtet, das justizeigene „Gesundheitsamt". „Sitzungspolizei" ist auch „Sitzungsgesundheitspolizei". Die Vorsitzenden agieren im Rahmen der prozessrechtlich und durch § 176 Abs. 1 GVG ausgeformten und durch den Öffentlichkeitsgrundsatz begrenzten (§ 169 Abs. 1 S. 1 GVG) Verfahrensleitungsbefugnis. Dem Grunde nach sind sie an die Anordnungen der Verwaltungsbehörden, die das Infektionsschutzgesetz umsetzen, gebunden. Aber sie sind verpflichtet zu prüfen, inwieweit sie ihnen folgen wollen („Art und Weise des Infektionsschutzes [...] im Einzelnen ausgestalten"). Die Verfahrensleitungsbefugnis ebenso wie die Sitzungspolizei gewährt ein rechtlich gerahmtes und strukturiertes Ermessen,[361] bei dessen Ausübung auch die Gesundheitsinteressen der Verfahrensbeteiligten oder der Zeugen und Sachverständigen einzustellen sind, für deren Schutzbedürftigkeit wiederum die Anordnungen der Infektionsschutzbehörden ein gewichtiger Anhaltspunkt sind. Hier kann es je nach persönlicher Konstitution (vulnerable Personen, etwa infolge von Vorerkrankungen), z.B. auch für Schöffinnen und Schöffen und andere ehrenamtliche Richter/innen, unzumutbar sein, in einem Gerichtssaal persönlich präsent zu sein. Es empfiehlt sich also, Anordnungen der Gesundheitsämter, die beispielsweise einer Ebola-Epidemie im Justizzentrum wehren wollen, zügig durch den Kontrollfilter der richterlichen Unabhängigkeit rauschen zu lassen und noch zügiger zu befolgen, während in der Corona-Krise danach zu fragen ist, wie – etwa bei einer nicht verschiebbaren mündlichen Verhandlung – die Abstands- und Hygienevorschriften (etwa auch bei Verhandlungspausen) eingehalten werden können. Was an Terminverlegungen möglich ist, muss im Lichte der Fristenregelungen, die jede Prozessordnung kennt, geprüft werden (bspw. § 229 StPO). Die Möglichkeit, Verhandlungen im Wege der Bild- und Tonübertragung (§ 128a ZPO) zu führen, muss genutzt werden. Das in dieser Norm gewährte Ermessen kann sich je nach infektionsschutzrechtlicher Lage „auf null", also einen Anspruch, in dieser Weise zu verhandeln, reduzieren. Aber auch diese Vorschrift bleibt auf die Übertragung in ein Sitzungszimmer bezogen (§ 128a Abs. 1 S. 2, Abs. 2 S. 2 ZPO), in dem insbesondere auch die Öffentlichkeit körperlich präsent sein soll. Aber was spricht gegen eine für alle zugängliche Zoom- oder Skype-Konferenz, um den Öffentlichkeitsgrundsatz zu gewährleisten? Änderungen des Gerichtsverfassungsrechts und der Prozessgesetze sind hier auf Dauer nötig, um effektiven Rechtsschutz zu gewährleisten (Art. 19 Abs. 4 S. 1 GG, Art. 2 Abs. 1 GG i. V. m. Rechtsstaatsprinzip, Art. 20 Abs. 3 GG). Die neuen (befristeten) Regelungen des § 114 ArbGG und des § 211 SGG[362] erleichtern bei einer epidemischen Lage von nationaler Tragweite (§ 5 Abs. 1 IfSG) die elektronisch vermittelte Präsenz der Parteien und Beteiligten und ihrer Bevollmächtigten bzw. Beistände in der mündlichen Verhandlung gemäß § 128a ZPO sowie die elektronische Zuschaltung der ehrenamtlichen Richter/innen auch zur Beratung und Abstimmung. Das ist ein Modell für eine dauerhafte Regelung von Krisen, die mit der Corona-Krise vergleichbar sind. Hierbei sollten auch Beschränkungen der Gerichtsöffentlichkeit aus Gründen des Infektionsschutzes ermöglicht werden. Der Öffentlichkeitsgrundsatz ist Bestandteil des Rechtsstaatsprinzips, er gilt aber nicht ausnahmslos. Vielmehr kann die Öffentlichkeit aus zwingenden Gründen des Gemeinwohls ganz oder teilweise ausgeschlossen werden.[363] Gesetzliche Regelungen sind auch mit Blick auf die Sitzungspolizei und das öffentlich-rechtliche Hausrecht dringend geboten, nicht nur, aber vor allem wegen des Infektionsschutzes. Diejenigen, die § 28 Abs. 1 S. 1 und 2 IfSG wegen der Wesentlichkeitslehre des Bundesverfassungsgerichts für verfassungsrechtlich bedenklich halten,[364] können erst recht mit § 176 Abs. 1 GVG nicht

3. Gerichtliche Kontrolle

einverstanden sein: „Die Aufrechterhaltung der Ordnung in der Sitzung obliegt dem Vorsitzenden." Das ist eine sehr generell gehaltene Generalklausel, die § 28 Abs. 1 S. 1 und 2 IfSG als dicht normierte Spezialbefugnis erscheinen lässt. Dass auf § 176 Abs. 1 GVG etwa die Befugnis des/der Vorsitzenden gestützt werden soll, die Zuhörer/innen in einem Gerichtssaal per Namen in eine Anwesenheitsliste einzutragen und im Weigerungsfall des Saales zu verweisen, weil sie sich der infektionsschützenden Nachverfolgung von Infektionsketten verweigern, dürfte nicht nur Datenschutzbeauftragten die Haare zu Berge stehen lassen. Auch das Bundesverfassungsgericht sollte seinen bislang sehr nachsichtigen Blick auf § 176 Abs. 1 GVG schärfen.[365] Noch bedenklicher erscheint das Konstrukt des öffentlich-rechtlichen Hausrechts der Gerichtspräsidentin bzw. des Gerichtspräsidenten, für das es überhaupt keinen normtextlichen Anknüpfungspunkt gibt. Ein gewohnheitsrechtlich anerkanntes[366] Blankett als „Rechtsgrundlage"[367] für „Machtbefugnisse"[368], die zu völlig unkonturierten Grundrechtseingriffen ermächtigen, ist im Rechtsstaat ein No-Go. Wir sehen: Die Corona-Krise lässt Schwächen bei zentralen, für den Justizalltag wichtigen Kategorien (wie der „Sitzungspolizei") erkennen. Entweder im künftigen Infektionsschutzgesetz oder in einem künftigen Gerichtsverfassungsgesetz bzw. (alternativ oder ergänzend) in den Prozessgesetzen sollten daraus die Konsequenzen für die Rechtspflege gezogen werden, die auch den Rechtsanwältinnen und Rechtsanwälten anvertraut ist (§ 1 BRAO). Die Verantwortung hierfür muss der Parlamentsgesetzgeber übernehmen, weil es um funktionell-rechtliche Grundfragen im Verhältnis von Judikative und (infektionsschützender) Exekutive geht. Sie sollten nicht in Ad-hoc-Rechtsverordnungen oder gar in Allgemeinverfügungen oder anderen Verwaltungsakten der Gesundheitsbehörden geregelt werden.

VIII. Europäische Union

Hat die EU in der Corona-Krise versagt? Mit Ja und Nein lässt sich eine solche Frage sinnvoll nicht beantworten. Welche – vermeintlich nicht erfüllten – Ansprüche an die EU adressiert werden, kann rechtlich oder politisch begründet werden. Außerdem kommt es darauf an, was mit EU gemeint ist. Hier kommen mindestens drei Rollen in Betracht: die EU als Akteurin in der sanitären Krise (einschließlich der Bezüge zum sog. Schengen-Raum), die EU als Gestalterin der ökonomischen Folgen der Corona-Krise und die EU als gebündelte Stimme Europas gegenüber dem Rest der Welt.

1. Akteurin in der sanitären Krise

Soweit der EU in der Corona-Krise eine sanitäre, auf den Infektionsschutz bezogene Rolle zugedacht wird, lohnt der Blick in den Kompetenzkatalog des Vertrags über die Arbeitsweise der Europäischen Union (AEUV). Im Abschnitt über das „Gesundheitswesen", im Englischen treffender mit „Public Health" übersetzt (also bevölkerungsbezogenes Gesundheitswesen)[369], findet sich Art. 168 AEUV. Er akzentuiert die Hauptverantwortung der Mitgliedstaaten für ihr jeweiliges Gesundheitswesen (Art. 168 Abs. 7 AEUV) einschließlich des Infektionsschutzes. Es handelt sich um eine „Kompetenzausübungsgrenze"[370]. Das ist eine bewusste politische Entscheidung gegen eine Unionalisierung der stark von historischen Pfadabhängigkeiten geprägten Gesundheitssysteme (und ihrer Finanzierungsmodi) gewesen. In erster Linie, das gilt namentlich für den Infektionsschutz, hat die EU (Art. 6

S. 2 lit. a AEUV) nur Ergänzungs- (Art. 168 Abs. 1 UAbs. 2 AEUV), Förder- (Art. 168 Abs. 2 S. 1 und 2, Abs. 3 AEUV) und Koordinierungskompetenzen (Art. 168 Abs. 2 UAbs. 2 AEUV). Von ihnen darf nur „unter Ausschluss jeglicher Harmonisierung" (Art. 168 Abs. 5 AEUV) Gebrauch gemacht werden. Dass man sich hierunter keine starken Kompetenzen vorstellen darf, zeigt schon der Wortgebrauch: Während im Deutschen von „fördern" die Rede ist, spricht die englische Fassung meistens von „encourage"[371] oder auch von „foster"[372]. Aus dem „encourage" kann ein „if necessary, lend support to their action" (unterstützt erforderlichenfalls deren Tätigkeit) werden (Art. 168 Abs. 2 UAbs. 1 S. 1 AEUV). Dies kann sich sodann in finanziellen „Fördermaßnahmen" (incentive measures) „zum Schutz und zur Verbesserung der menschlichen Gesundheit sowie insbesondere zur Bekämpfung der weit verbreiteten schweren grenzüberschreitenden Krankheiten sowie in sonstigen „Maßnahmen zur Beobachtung, frühzeitigen Meldung und Bekämpfung schwerwiegender grenzüberschreitender Gesundheitsgefahren" niederschlagen (Art. 168 Abs. 5 AEUV). Eine solche Maßnahme ist die Gründung[373] des „Europäischen Zentrums für Prävention und Kontrolle von Krankheiten" (European Centre for Disease Prevention and Control – ECDC)[374] mit Sitz im schwedischen Solna (in der Nähe von Stockholm) gewesen, das im Wesentlichen mit der Ermittlung und Bewertung von Bedrohungen durch Infektionskrankheiten und dem Informationsaustausch befasst ist. Regelungs- oder operative Befugnisse mit Durchgriff in die Mitgliedstaaten hat das ECDC nicht.[375] Zwar soll das ECDC unabhängige Expertise bereithalten, aber seine Informations- und Beratungstätigkeit hängt stark, auch soweit es um das Frühwarn- und Reaktionssystem geht,[376] von den Informationen ab, die die Mitgliedstaaten liefern.[377] Die finanziellen Fördermaßnahmen der EU, für die ein Budget von derzeit knapp einer halben Milliarde Euro zur Verfügung steht,[378] erstrecken sich auch auf schwere grenzüberschreitende Gesundheitsgefahren.[379]

1. Akteurin in der sanitären Krise

Im Lichte der Corona-Krise könnten – und sollten – diese Fördermaßnahmen weiterentwickelt werden. Im Übrigen erstreckt sich die geteilte Zuständigkeit der EU für einzelne Aspekte des Gesundheitswesens (Art. 4 Abs. 2 lit. k AEUV) nicht auf den Bereich von grenzüberschreitenden Virus-Erkrankungen, allerdings auf die Qualitäts- und Sicherheitsstandards u. a. für Arzneimittel, zu denen auch Impfstoffe gehören (Art 168 Abs. 4 lit. c i. V. m. Art. 4 Abs. 2 lit. k AEUV). Im Klartext: Von der EU in sanitär-gesundheitspolizeilicher Hinsicht enttäuscht zu sein, verkennt die Kompetenzlage. Wer die EU kritisiert, wünscht sich also eine andere Kompetenzlage, die insbesondere über bloß unterstützende finanzielle Maßnahmen hinausgeht, und/oder will vom nationalstaatlichen Versagen aus nachvollziehbaren politischen Gründen ablenken. Angesichts des im Gesundheitswesen sehr stark ausgeprägten Primats des Nationalstaats erscheint es unfair, der EU vorzuwerfen, dass sie als Akteur in der sanitären Krise praktisch nicht sichtbar ist.

Soweit es um die in sanitärer Absicht ins Werk gesetzten Grenzschließungen der Mitgliedstaaten geht, wird der sog. Schengen-Raum zum Thema. Betroffen sind also nicht nur und nicht alle EU-Mitgliedstaaten. Insbesondere unter den Voraussetzungen des Art. 25 Schengener Grenzkodex dürfen vorübergehend Kontrollen an den Binnengrenzen wiedereingeführt werden, sofern eine ernsthafte Bedrohung der öffentlichen Ordnung oder der inneren Sicherheit besteht, worauf außergewöhnliche Umstände hindeuten. In der Corona-Krise haben die am Schengen-Raum partizipierenden EU-Mitgliedstaaten davon reichlich Gebrauch gemacht. Die EU-Kommission hat mehrmals Reisebeschränkungen empfohlen, die zwar mit den Mitgliedstaaten weithin abgestimmt (gewesen) sind, gleichzeitig aber versucht, Alleingängen einzelner Mitgliedstaaten entgegenzuwirken.[380] Auch das waren – und sind – keine machtvollen Interventionsoptionen,[381] die der in der Corona-Krise erfolgten Renaissance klassischer Souveränitäts- und Seuchenbekämpfungssymbole wie der Staatsgrenze[382] etwas entgegensetzen könnten.

2. Ökonomische Folgen

Sichtbarer ist die EU als Gestalterin der ökonomischen Folgen der Corona-Krise. So wurden etwa die einschlägigen Fonds (Europäischer Fonds für regionale Entwicklung [EFRE], Europäischer Meeres- und Fischereifonds [EMFF], Europäischer Sozialfonds [ESF], Kohäsionsfonds [KF]) mit Blick auf die Situation kleinerer und mittlerer Unternehmen (KMU) für die Bewältigung der Folgen der Corona-Krise geöffnet.[383] Auch der Solidaritätsfonds zur finanziellen Unterstützung von Mitgliedstaaten nach Katastrophen wurde ausdrücklich auf Notlagen größeren Ausmaßes im Bereich der öffentlichen Gesundheit erstreckt.[384] Allein die Weiterentwicklung des Solidaritätsfonds belegt, dass spezifische Instrumente zur Verfügung stehen, um jedenfalls die finanziellen Lasten der Pandemiebekämpfung abzumildern. Die finanzielle Bewältigung der darüber hinausgehenden Folgen ist Gegenstand politischer Debatten.

Corona-Bonds – eine Variante der schon früher diskutierten Euro-Bonds, also von den EU-Mitgliedstaaten gemeinsam aufgelegte Staatsanleihen – setzen auf den Kreditwürdigungsvorteil der ökonomisch starken Mitgliedstaaten. Auf sie wird zugleich eine höhere Zinslast abgewälzt und das größere Kreditausfallrisiko der ökonomisch schwächeren EU-Mitgliedstaaten verlagert. Ländern mit hoher Staatsverschuldung und geringem haushalts- und wirtschaftspolitischem Reformpotential, das durch die Folgen der Corona-Krise etwa in Frankreich, Italien und Spanien nochmals sinken dürfte, käme eine solche Lösung mehr entgegen als Kredite, die etwa der Europäische Stabilitätsmechanismus

(ESM)[385] gewährt. Corona-Bonds wären, vereinfacht ausgedrückt, eine Art Kreditfinanzierung mit indirekter Bürgenhaftung. Hier wie sonst gilt der Satz „Bürgen soll man würgen"[386]. Die Bereitschaft, das geschehen zu lassen, tendiert bei den Mitgliedstaaten, die haften würden, gegen null. Allein deshalb wird es lupenreine Corona-Bonds nicht geben. Abgesehen davon ist zweifelhaft, ob Corona-Bonds mit der sog. No-bail-out-Klausel (Art. 125 Abs. 1 AEUV), die auch die indirekte Haftung für Staatsschulden anderer Mitgliedstaaten verbietet, vereinbar sind, zumal in der Auslegung, die das Bundesverfassungsgericht dieser Klausel offenbar verleiht.[387] Ob das Verbot der monetären Haushaltsfinanzierung (Art. 123 AEUV), das der Europäischen Zentralbank (EZB) und den Zentralbanken der Mitgliedstaaten verbietet, der EU oder den Mitgliedstaaten Kredite zu gewähren oder deren Schuldtitel (Staatsanleihen) unmittelbar zu erwerben bzw. entsprechende (Umgehungs-)Effekte durch Anleihekäufe am Sekundärmarkt zu bewirken,[388] der Bewältigung der Krisenfolgen im Wege steht, hängt sehr von der gewählten Gestaltung ab. Denkbar wäre schließlich Hilfe gemäß Art. 122 Abs. 2 AEUV. Danach kann einem Mitgliedstaat unter bestimmten Bedingungen finanzieller Beistand (engl. financial assistance) gewährt werden, wenn er aufgrund von Naturkatastrophen oder außergewöhnlichen Ereignissen, die sich seiner Kontrolle entziehen, von Schwierigkeiten betroffen oder von gravierenden Schwierigkeiten ernstlich bedroht ist. Insbesondere mit Blick auf Art. 125 AEUV ist Art. 122 Abs. 2 AEUV allerdings eng auszulegen.[389]

Wie ein Damoklesschwert hängt über allem das vom Bundesverfassungsgericht in seinem PSPP-Urteil vom 5. Mai 2020 forcierte Erfordernis einer Verhältnismäßigkeitsprüfung (Art. 5 Abs. 1 S. 2, Abs. 4 EUV), die in währungspolitischer Absicht verfolgte Gestaltungen der EZB (Art. 127 Abs. 1 S. 1, 2 AEUV) mit Blick auf ihre wirtschaftspolitischen Auswirkungen feinsinnig auf Unterminierungen des Ziels der

Preisstabilität untersucht.[390] Art. 123, 125, 127 und wohl auch Art. 122 AEUV werden so zu einer festen Burg ausgebaut, in der der deutsche Staatshaushalt gegen alle denkbaren, der EU zurechenbaren unverhältnismäßigen Inpflichtnahmen geschützt werden soll. Das macht – um es zurückhaltend auszudrücken – Gestaltungen in der Krise nicht einfacher. Weil Verhältnismäßigkeitsprüfungen nicht im Verdacht stehen, frei von subjektiven Wertungen zu sein, lässt sich kaum prognostizieren, wann das Bundesverfassungsgericht meint, EU-Recht sei, ungeachtet anderslautender EuGH-Urteile, in einer die deutsche Verfassung ignorierenden Weise unverhältnismäßig angewandt worden. Bezeichnenderweise betont das Bundesverfassungsgericht in seiner zum PSPP-Urteil ergangenen Pressemitteilung: „Aktuelle finanzielle Hilfsmaßnahmen der Europäischen Union oder der EZB im Zusammenhang mit der gegenwärtigen Corona-Krise sind nicht Gegenstand der Entscheidung."[391] Man darf das als Andeutung eines schlechten Gewissens verstehen und mit der Hoffnung verbinden, dass das Bundesverfassungsgericht von seinem Passepartout-Argument „Verhältnismäßigkeit" nicht unverhältnismäßig oft und vor allen Dingen nicht undifferenziert Gebrauch macht. Zudem dürfte es für die EZB ratsam sein, das von ihr zur Bewältigung der Corona-Krise aufgelegte „Pandemic emergency purchase programme (PEPP)"[392] so zu begründen, dass die Verhältnismäßigkeitserwägungen des Bundesverfassungsgerichts berücksichtigt sind. Das sollte genügen.

3. Internationale Verantwortung

Wirkt die EU in der Corona-Krise als gebündelte Stimme Europas gegenüber dem Rest der Welt? Sie tut es nicht, obgleich Art. 168 Abs. 3 AEUV betont, dass die EU zusammen mit den Mitgliedstaaten die Zusammenarbeit mit dritten

3. Internationale Verantwortung

Ländern und den für das Gesundheitswesen zuständigen internationalen Organisationen fördert. Hierbei ist, abgesehen etwa von der Organisation für wirtschaftliche Zusammenarbeit und Entwicklung (OECD), in erster Linie an die Weltgesundheitsorganisation (WHO) zu denken.[393] Die WHO ist insbesondere mit der Ermittlung und der Bekämpfung der Gefahren grenzüberschreitender Infektionskrankheiten befasst,[394] was aus EU-Sicht in Art. 168 Abs. 1 UAbs. 1 S. 2 AEUV thematisiert wird. Da der Governance-Ansatz der WHO wesentlich von operativ wirksam agierenden Staaten ausgeht, die Infektionsgefahren effektiv begegnen,[395] kann die EU kein operativ starker Akteur im weltweiten Infektionsschutz sein, was sich in Art 168 AEUV widerspiegelt. Ohne eine Neujustierung des Verhältnisses zwischen EU und Mitgliedstaaten im Bereich des Infektionsschutzes wird eine Neujustierung des Verhältnisses zwischen EU und WHO nicht möglich sein. Gleichwohl bleibt der EU zusammen mit den Mitgliedstaaten die Möglichkeit, Staaten, die bei weitem nicht über die sanitären und finanziellen Kapazitäten verfügen, bei ihren Anstrengungen in der Corona-Krise zu unterstützen, auch durch den Abschluss völkerrechtlicher Verträge.[396] Wer etwa sieht, wie unzureichend zahlreiche Länder insbesondere in Afrika und Asien auf die Corona-Krise vorbereitet sind,[397] wird – ganz abgesehen von der altruistischen Intention zu helfen – fragen müssen, welche Konsequenzen unkontrollierte Pandemien in Afrika und Asien für die EU haben werden. Die Diskussion über das Thema „Fluchtursachen" dürfte jedenfalls mit der Corona-Krise um neue Argumente bereichert werden. Gerade angesichts der Renationalisierungstendenzen in der Corona-Krise, die sich z. B. in weltweit ausgreifenden Rückholaktionen von Expatriates nach Deutschland zeigt (denen mehr oder weniger deutliche Hinweise, das Aufenthaltsland zu verlassen, vorhergingen) und die den Nationalstaat als ursprünglichen Ort der Solidarität in der Not erleben lassen, wäre es an der EU, die andere, supranationale Seite der Solidarität weltweit sichtbar zu machen. Die WHO als wichtiger Akteur der internationalen Gesundheitskooperation nicht nur im Seuchenwesen ist wie alle internationalen Organisationen nicht perfekt, aber über Jahrzehnte zu einem verlässlichen Brückenbauer in alle Richtungen geworden, der weiß, dass es in der Gemeinschaft der WHO-Mitgliedstaaten einige wenige gibt, die die Macht haben, die Ziele der WHO massiv zu torpedieren. Das mag erklären, wieso es machtpolitische Rücksichtnahmen bei der Kommunikation von Seuchengefahren gibt, die indes nicht zur Leugnung oder Verharmlosung einer Pandemie führen dürfen. Neben allen Anstrengungen, hinter den Kulissen beim WHO-Sekretariat auf Aufklärung über vermeintliche oder tatsächliche Fehlkommunikation zu dringen, kann auch das öffentliche Forum der World Health Assembly, sozusagen das Parlament der WHO-Mitgliedstaaten, und des Executive Board, eine Art geschäftsführender Ausschuss der Assembly, genutzt werden, um auf Transparenz zu dringen.[398] Ansonsten hilft es auch beim Blick auf die WHO, sich klar zu machen, dass Weltmächte auch deshalb Weltmächte sind, weil sie mit der Selbstgewissheit des Goliath wissen, dass ohne sie das Ziel einer effektiven Seuchenabwehr nicht erreicht werden kann. Zur Diplomatie mit all ihrem funktional nützlichen Agieren in Grauzonen und Halbheiten und dem ganzen bewährten muddling through gibt es auch in einer Pandemie, die ja nicht im machtpolitisch leeren Raum stattfindet, keine Alternative. Wer die WHO nicht stärkt, schwächt indirekt auch den Infektionsschutz im eigenen Land.

IX. Wege aus der Krise

Die Corona-Krise folgt nicht der Logik des Lichtschalters: Krise an, Krise aus. Die Krise ist nicht einfach vorbei, die Postpandemiezeit hat nicht eindeutig begonnen. Zur Corona-Krise gehört eine Phase des Dazwischen, deren Anfang und Ende sich erst mit deutlichem Abstand zu den Ereignissen wird bestimmen lassen. Erkennungszeichen der anhaltenden Transition sind neu sich komponierende Mischungsverhältnisse größerer Freiheit und geringerer Unfreiheit, geringerer Freiheit und größerer Unfreiheit. Die Aggregatzustände der Krise verändern sich tagesaktuell. In einer dynamischen Lage wie der Corona-Krise ist „Pragmatismus mit Plan"[399] (Gertrude Lübbe-Wolff) gefragt. Hierbei wird es vor allem darauf ankommen, nicht mit der moralisch verbrämten Brechstange vorgebliche Normalität herbeizuzwingen. Geboten ist deshalb eine differenzierte Rückkehr zur gewohnten Normalität mit Rücksicht auf Risikogruppen,[400] die nicht unter der Hand oder gar offen deren Sozialpflichtigkeit statuiert,[401] ohne dass klar wäre, wer überhaupt dazu gehören würde. Diese Art von (verkappter) Sozialpflichtigkeit wäre nichts anderes als Rücksichtslosigkeit. Der Verhältnismäßigkeitsgrundsatz erfordert geradezu einen gestaffelten „Exit",[402] der unterschiedliche Schutzbedarfe gradualisiert und mit gegenläufigen ökonomisch-sozialen Interessen abwägt. Abwägung ist hierbei kein mathematisches Kalkül mit festen Posten, sondern ein in der Zeit weiter zu entwickelndes bewegliches System von Relationen, die Gesundheitsschutz einerseits und ökonomische wie soziale Faktoren andererseits so in Beziehung setzen müssen, dass beides möglichst weit zur effektiven Geltung kommt („praktische Konkordanz"). Abwägung bedeutet also nicht, mit dem größten Glück der größten Zahl zu argumentieren, sondern auch denen etwas abzuverlangen, die in aller Regel aus Glück, nicht aus Verdienst, gesundheitlich stabiler sind als vulnerable Personen, etwa chronisch Kranke oder Menschen mit schweren Einschränkungen bzw. Behinderungen. Andernfalls müssten sich, in den Worten des Bundesverfassungsgerichts, „stärker gefährdete Menschen [...] über längere Zeit vollständig aus dem Leben in der Gemeinschaft zurückziehen"[403]. Das ist in einer Rechtsordnung, deren Würdeversprechen die Gleichwertigkeit schwacher, fragiler, versehrter Menschen gewährleisten soll,[404] keine Option.

Da „Exit"-Strategien immer auch ein Test für künftige Pandemien sind, sollten alle Regelungen, die in der gegenwärtigen Krise zu Grundrechtsbeschränkungen oder „Lockerungen" geführt haben, evaluiert werden, um bei einer künftigen Krise noch grundrechtssensibler agieren zu können.[405] Das Infektionsschutzgesetz, das im Zuge der Krise bereits geändert wurde, gestattet zwar eine grundrechtssensible Bewältigung der Corona-Krise. Das sollte aber nicht von der Einsicht ablenken, dass das Gesetz in vielfacher Hinsicht verbesserungsbedürftig ist. Rechtsstaatlichen Bedenken, gleich ob sie verfassungsrechtlich zwingend sind oder nicht, sollte Rechnung getragen werden. Ferner ist zu bedenken, dass die Ordnungsmodelle, Begriffe und Unterscheidungen des Infektionsschutzgesetzes nicht mehr uneingeschränkt zur pandemischen Realität passen. Das Pandemie-Krisenrecht, soweit es um den Infektionsschutz geht, muss deshalb auf neue normative Füße gestellt werden. Die nächste Pandemie ähnlichen Zuschnitts kommt bestimmt. Deshalb ist es nicht sinnvoll, mit der Reform des Infektionsschutzrechts zu warten, bis die aktuelle Corona-Krise halbwegs unter Kontrolle oder gar vollständig bewältigt ist. Eine Reform des Infektionsschutzgesetzes, die effektiven antipandemischen Infektionsschutz grundrechtssensibel ermöglicht, gehört schon jetzt ganz oben auf die Agenda von Rechts- und Gesundheitspoli-

IX. Wege aus der Krise

tik. Das gilt nicht zuletzt für die Reform der problematischen Regelungen über den Gesundheitsnotstand (§ 5 Abs. 2 IfSG). Darüber hinaus sind die Auswirkungen eines administrativ gesteuerten Infektionsschutzes auf die Parlamente und die Gerichte genauer in den Blick zu nehmen. Das Staatsorganisationsrecht, aber auch das Gerichtsverfassungsrecht und die Prozessgesetze sind im Lichte der Erfahrungen der Corona-Krise weiterzuentwickeln. Die bisherige Pandemieplanung sollte zu einer integrierten Pandemieplanung ausgebaut werden, die u. a. die aus der Sozialinfrastrukturplanung insbesondere im Gesundheitswesen (etwa Krankenhausplanung) bekannten Planungsinstrumente mit jenen des Katastrophenschutzes kombiniert und weiterentwickelt. Die in der Corona-Krise weithin informelle politisch-strategische Bund-Länder-Koordinierung könnte nach dem Vorbild anderer Rechtsordnungen – wie z. B. der Schweiz – als dauerhaftes Koordinierungsgremium installiert werden.[406] Soweit es um die Folgenabschätzung von Maßnahmen der Pandemiebekämpfung geht („Shutdown", Lockerungen, Modifizierung oder Aufhebung des „Exits"), sollte neben medizinischem und epidemiologischem Wissen z. B. auch sozialwissenschaftlicher und ökonomischer Sachverstand strukturiert in politische Entscheidungen einfließen. Angesiedelt etwa beim Deutschen Ethikrat könnte ein Gremium unter Einbeziehung u. a. von wissenschaftlichen Akademien und Fachgesellschaften die Beratungsexpertise bündeln, und zwar auch unter diversitätssensibler Einbindung der Perspektiven jüngerer (erinnert sei an die „Junge Akademie")[407] und älterer Generationen (erinnert sei an die Bundesarbeitsgemeinschaft der Seniorenorganisationen).[408] Die Corona-Krise ist zu Recht als „Stunde der Interdisziplinarität"[409] bezeichnet worden, und Interdisziplinarität ist wesentlich sich ergänzende Multiperspektivität.

Was die Corona-Krise für das Selbstverständnis einer liberalen Gesellschaft bedeutet – genauer: für eine Gesellschaft westlich-nordatlantischen Zuschnitts –, beschäftigt Intellektuelle und Feuilletons seit Monaten. Zwischen Deutungssucht und Deutungsnot pendelnde Denkbewegungen sind, wie die Seuchengeschichte belegt, normale Auseinandersetzungen mit der kollektiven Erfahrung einer Grenzsituation.[410] Reflexionen darauf, ob die Seuche der Beginn einer neuen Zeit sei und nichts mehr so bleibe wie vordem bekannt („new normal"), konkurrieren mit Deutungsangeboten, die auf die Kontinuität des gewohnten Weltzugriffs und der üblichen Lebenspraktiken setzen, was punktuelle Adaptionen und Neujustierungen nicht ausschließt.[411] Ad-hoc-Deutungen in einer laufenden Krise haben eine hohe Halbwertszeit. Oft sind sie nur Variationen dessen, was immer schon gedacht wurde und nunmehr als durch die Corona-Krise bestätigt gilt.[412] Das ist nicht selten ein verrätselter Ästhetizismus, der sich in der „Ich aber sage euch"-Pose der distanzierten Überlegenheit gefällt.[413] Dräuende Nieder- und Untergangsphantasien, die sich in einem diffusen „Wehret den Anfängen" ergehen, weil angeblich ein „digitaler Leninismus"[414] Freiheit flächendeckend verschlinge, sind nicht selten. Neben denen, die keiner Überspitzung aus dem Weg gehen, um die ersehnten Aufmerksamkeitsprämien zu erringen, gibt es allerdings auch jene, die mit antispekulativer Seriosität eingestehen, dass sie nicht wissen, welche Lehren eine Gesellschaft wie die unsere aus der Corona-Krise ziehen wird, und zugleich vermuten, wiederum mit Blick auf Seuchengeschichte, dass sich allzu viel nicht verändern werde.[415] Dahinter steht eine skeptische Grundhaltung,[416] die mit antiutopischem Sinn darauf verzichtet, dauernd das Gras wachsen zu hören, auch wenn nirgendwo Gras zu sehen ist. Ob „die Gesellschaft" nach der Corona-Krise auf ein höheres Solidaritätsniveau angehoben sein wird (was immer das bedeutet), wer will das für unmöglich halten? Ob „wir alle" in einer „neuen Normalität" leben – was immer das genau bedeuten soll –, wer will das ausschließen? Ob sich das Arbeitsleben völlig verändert, weil ein von Zoom- und Skype-Konferenzen eingemauertes

IX. Wege aus der Krise

Homeoffice zum Standard wird, wer weiß das schon, aber vor allem: wer wünscht sich das? Wie immer auch die Orakelsprüche lauten, nichts davon ist begriffflich klar oder empirisch verlässlich vorhersagbar und nichts davon ist richtig oder falsch, wie das bei Meinungen so ist. Sie verdanken sich dem Wunsch und dem Vermutungswillen derer, die meinen, Spekulationen über ideelle Folgewirkungen der Krise würden in der Krise weiterhelfen.

Was sich vielleicht doch mit aller gebotenen Vorsicht sagen lässt, ist dies: Wir sind „Zeugen eines speziellen Erstversuchs an der Menschheit durch die Menschheit [...] Es ist der Versuch, eine Pandemie zu gestalten"[417] (John Schellnhuber). Angesichts der Volatilität des pandemischen Geschehens, die kurzfristig zu neuen Maßnahmen führen kann, wird die Corona-Krise zur gesamtgesellschaftlichen Kontingenzerfahrung. Alles kann heute anders sein als gestern und vorgestern oder morgen und übermorgen. Die über Monate praktizierte Feinregulierung von Freiheitsverlust und Freiheitsgewinn, die die Planbarkeit der individuellen und kollektiven Lebensverhältnisse unter den permanenten Vorbehalt stellt, dass es auch anders sein könnte, mutet uns viel zu, aber das gilt nicht für alle in gleicher Weise. Wer in großzügig geschnittenen Altbauwohnungen oder Einfamilienhäusern mit Garten lebt, vielleicht noch in einer funktionierenden Zweierbeziehung mit einsamkeitsmildernder Wirkung; wer in solchen Räumlichkeiten keine Kinder im plötzlich zum Standard gewordenen Homeschooling betreuen muss (und wenn doch, dann wenigstens ohne räumliche Enge, die dem Nervenkostüm zusetzt); wer als Beamtin, Richter oder Hochschullehrerin von der Gewissheit lebt, dass das Geld aus dem Geldautomaten kommt; wer – wie Professorinnen und Professoren – das Homeoffice nicht als Abweichung von der Norm erlebt; wer gesundheitlich fit ist und eher ungesellig als gesellig – wer so lebt, wird die Corona-Krise vermutlich als bedauerliche Delle im gewohnten Lebensstil empfinden, der von einigen sanitären Unannehmlichkeiten belastet wird, aber ansonsten wird er oder sie mit der Situation ganz gut klar kommen. Wem Raumnot, Geldsorgen, Gesundheitsprobleme, homeofficefeindliche Arbeitgeber, altersgemäß schreiende Kinder, um die eigene berufliche Vita ringende Partner/innen, die eingeschränkte Pflege von Freundschaften, der fehlende Besuch des Fußballstadions, des Rockkonzerts, des Theaters oder des Oktoberfests zusetzen, der oder die wird die Corona-Krise als einen destruktiven Turbo erleben, der Konflikte verschärft, Unsicherheiten vertieft, Bedrücktheit verschlimmert. Verunsicherung giert nach Signalen der Eindeutigkeit, die verheißen sollen: „Alles wird gut" – oder doch zumindest fast alles. Das wird nicht der Fall sein: Wer verstorben ist, wer häusliche Gewalt erlitten hat, wer in der Insolvenz gelandet ist, wer den Arbeitsplatz verloren hat, wer im Homeschooling nichts gelernt hat, wem das Alleinsein schier unerträglich geworden ist, für den oder die wird entweder gar nichts mehr oder zumindest nicht so schnell wieder alles „gut". Eine Krise ohne Zumutungen und Verluste ist keine Krise, und leider ist nicht jede Krise eine Chance. Für viele ist die Krise nicht mehr als ein schmerzlicher Abschied vom Leben und von Lebensträumen.

Alle – idealerweise lange vorhaltenden – Hilfsangebote des sozialen Verfassungsstaates werden diese existenziellen Härten nicht hinwegfingieren können, mögen sie auch die Folgen, so gut es geht, lindern. Der Verfassungsstaat bietet aber nicht nur soziale oder pekuniäre Hilfe an. Er wirkt auch durch den Modus der Problembewältigung, dadurch, wie er sich der Krise annimmt, durch einen Politikstil, einen Stil der politischen Führung, der seinem Selbstverständnis adäquat ist. In der Art und Weise des Problemzugriffs – wie leadership gelebt wird – liegt implizit ein Angebot zur Orientierung in der Krise. Es ist das Angebot, der Krise in einer Haltung der unaufgeregten, verhalten optimistischen Gelassenheit zu begegnen, die der Angst mit „Gestaltungszuversicht"[418] begegnet. Es ist das Angebot, in der Krise inkrementell, tentativ, tastend vorzugehen und auf „Absolutheitsillusionen"[419], all das süffige Ganz oder Gar Nicht, zu verzichten. Es ist das Angebot, sich im Modus vorläufiger Endgültigkeit zu bewegen, der mit der eigenen Irrtumsanfälligkeit nachsichtig umgeht, Infallibilität ablehnt und Korrekturbereitschaft aus „vorsichtige[r] Vernunft"[420] nicht für Schwäche hält. Dieses Angebot zur Orientierung hat die Bundeskanzlerin mit ihrem Wort vom „zerbrechliche[n] Zwischenerfolg"[421] auf den Punkt gebracht. Erfolge deuten sich in der Corona-Krise an, aber Finales wissen wir noch nicht, weil es fragile Erfolge sind, hinter deren Endgültigkeit Fragezeichen stehen. Wer im Modus vorläufiger Endgültigkeit handelt, weiß, das vorläufige „Vizelösungen"[422], vermeintlich zweit-, tatsächlich erstbeste Optionen, die nicht nach den Sternen greifen, sondern das nach dem jeweiligen Wissensstand Menschenmögliche, Unvollkommene anstreben,[423] der richtige – einzig realistische – Hebel sind, auch wenn das die, die das Totale ohne Rest lieben, nicht wahrhaben wollen. Ein dem Verfassungsstaat adäquater Politikstil unterbreitet das Angebot, den Ernst der Lage anti-alarmistisch zu begreifen, ohne ihn in Abrede zu stellen. „Wie viele geliebte Menschen werden wir verlieren?"[424] – wer so wie die Bundeskanzlerin fragt, weiß, dass wir schon Menschen verloren haben und noch verlieren werden, aber gleichwohl die Hoffnung hegen, genau das effektiv, solidarisch und grundrechtssensibel, so gut es geht, verhindern zu können. Wie genau, ist aufgrund der Dynamik der Krise noch nicht im Detail klar, wird aber Schritt für Schritt klar werden. Dazu ist der Verfassungsstaat in der Corona-Krise ideell und institutionell in der Lage, und wo es daran fehlt, ist er in der Lage, sich weiterzuentwickeln.

Im Rückblick wird sich – das ist unsere Hoffnung – bestätigen, was als vorläufiger Eindruck plausibel klingt: Die Bewältigung der Corona-Krise ist eine „demokratische Zumutung"[425] (Angela Merkel). Doch Udo Di Fabio hat treffend festgestellt: Das „Modell der liberalen Demokratie" und der Verfassungsstaat des Grundgesetzes schlagen sich „überraschend gut."[426]

Anmerkungen

1. *Scherle*, FAZ, 8.4.2020, 13: „Ausnahmezustand [...], der vor kurzem noch als totalitär gegolten hätte."
2. *Scheller*, NZZ, 8.4.2020, 17, zur undifferenzierten Verwendung des Begriffs „Apokalypse".
3. *Gaschke*, NZZ, 11.4.2020, 14: „Das deutsche Infektionsschutzgesetz wurde kurzerhand zum Ermächtigungsgesetz umfunktioniert [...]."
4. *Lepsius*, VerfBlog, 6.4.2020.
5. *Brecht*, Über eingreifendes Denken, 158 ff.
6. *Hegel*, Grundlinien, § 316.
7. *Rixen*, Würde des Menschen, 337 ff.
8. *Arendt*, Vita activa, 62.
9. *Stein*, Himmlische Quellen, 334.
10. *Dürig*, in: Maunz/Dürig, GG (1958), Art. 1 Rn. 16.
11. *Habermas*, Kampf um Anerkennung, 252.
12. *v. Doemming/Füsslein/Matz*, JöR n. F. Bd. 1 (1951), 1 (48).
13. *Böckenförde*, Entstehung, 169.
14. *Vogel*, Staatsbedürftigkeit der Gesellschaft.
15. § 1 S. 1 Fünfte Verordnung zur Änderung der SARS-CoV-2-Eindämmungsmaßnahmenverordnung Berlin v. 28.4.2020 (GVBl. 287); vgl. auch § 1 Abs. 1 S. 1 SächsCoronaSchVO v. 30.3.2020 (GVBl. 186).
16. *Rixen*, Befugnisse und Grenzen, 69 f.
17. GVBl. 2020, 174.
18. *Nassehi*, NZZ, 29.4.2020, 5.
19. *Laschet*, WamS, 29.3.2020.
20. *Marquard*, Mut zur Bürgerlichkeit, 91 ff.
21. *Kocka*, Geschichte - wozu?, 440.
22. *Chen/Liu/Guo*, J Med Virol. 92 (2020), 418 ff.
23. *Wölfel/ Corman/Guggemos* et al., Nature 581 (2020), 465 ff.; *Zhou/Yang/Wang* et al., Nature 579 (2020), 270 ff.
24. *Zhou/Yang/Wang* et al., Nature 579 (2020), 270 ff.; *Andersen/Rambaut/Lipkin* et al., Nature Medicine 26 (2020), 450 ff.
25. *Zhou/Yang/Wang* et al., Nature 579 (2020), 270 ff.; *Andersen/Rambaut/Lipkin* et al., Nature Medicine 26 (2020), 450 ff.
26. *Gao/Yan/Huang* et al., Science 368 (2020), 779 ff.; *Jin/Du/Xu* et al., Nature 582 (2020), 289 ff.; *Zhang/Lin/Sun* et al., Science 368 (2020), 409 ff.; *Wrapp/Wang/Corbett* et al., Science 367 (2020), 1260 ff.
27. *Hoffmann/Kleine-Weber/Schroeder*, Cell 181 (2020), 271 ff.; *Zhou/Yang/Wang* et al., Nature 579 (2020), 270 ff.
28. *Wölfel/ Corman/Guggemos* et al., Nature 581 (2020), 465 ff.; *Zhou/Yang/Wang* et al., Nature 579 (2020), 270 ff.

29. *Wölfel/ Corman/Guggemos* et al., Nature 581 (2020), 465 ff.
30. *Sungnak/Huang/Bécavon* et al., Nature Medicine 26 (2020), 681 ff.
31. *Hussain/Jabeen/Raza* et al., J Med Virol. 6.4.2020 (ahead of print).
32. *Guan* et al., Eur Respir J. 55 (2020), pii: 2000547.
33. *Li/Xu/Yu* et al., J Allergy Clin Immunol. 12.4.2020 (ahead of print).
34. *Verdoni/Mazza/Gervasoni* et al., Lancet 395 (2020), 1771 ff.
35. *Kissler/Tedijanto/Goldstein* et al., Science 368 (2020), 860 ff.
36. *Andersen/Rambaut/Lipkin* et al., Nature Medicine 26 (2020), 450 ff.
37. *Kissler/Tedijanto/Goldstein* et al., Science 368 (2020), 860 ff.
38. *Tay/Poh/Rénia/MacAry/Ng*, Nat Rev Immunol. 20 (2020), 363 ff.
39. www.clinicaltrials.gov.
40. *Ahn/Shin/Kim* et al., J Microbiol Biotechnol. 30 (2020), 313 ff.
41. *Li/Guan/Wu* et al., N Engl J Med. 382 (2020), 1199 ff.
42. https://experience.arcgis.com/experience/478220a4c454480e823b17327b2bf1d4.
43. https://covid19.who.int/.
44. Gesetz über die Feststellung eines Nachtrags zum Bundeshaushaltsplan für das Haushaltsjahr 2020 (Nachtragshaushaltsgesetz 2020) v. 27.3.2020 (BGBl. I 556).
45. Gesetz zum Schutz der Bevölkerung bei einer epidemischen Lage von nationaler Tragweite v. 27.3.2020 (BGBl. I 587); Zweites Gesetz zum Schutz der Bevölkerung bei einer epidemischen Lage von nationaler Tragweite, v. 19.5.2020 (BGBl. I 1018).
46. Gesetz zum Ausgleich COVID-19 bedingter finanzieller Belastungen der Krankenhäuser und weiterer Gesundheitseinrichtungen (COVID-19-Krankenhausentlastungsgesetz) v. 27.3.2020 (BGBl. I 580).
47. Gesetz zur befristeten krisenbedingten Verbesserung der Regelung für Kurzarbeitergeld v. 13.3.2020 (BGBl. I 493); Verordnung über die Erleichterung der Kurzarbeit (Kurzarbeitergeldverordnung – KugV) v. 25.3.2020 (BGBl. I 595); Verordnung über die Bezugsdauer für das Kurzarbeitergeld (Kurzarbeitergeldbezugsdauerverordnung – KugBeV) v. 16.4.2020 (BGBl. I 801).
48. Gesetz für den erleichterten Zugang zu sozialer Sicherung und zum Einsatz und zur Absicherung sozialer Dienstleister aufgrund des Coronavirus SARS-CoV-2 (Sozialschutzpaket) v. 27.3.2020 (BGBl. I 757); ergänzt durch das Gesetz zu sozialen Maßnahmen zur Bekämpfung der Corona-Pandemie (Sozialschutz-Paket II) v. 20.5.2020 (BGBl. I 1055).
49. Gesetz zur Abmilderung der Folgen der COVID-19 Pandemie im Zivil-, Insolvenz- und Strafrecht v. 27.3.2020 (BGBl. I 569).
50. *Rixen*, NJW 2020, 1097 (1098 m. w. N.).
51. Teilweise wurden vor Ort auch Allgemeinverfügungen erlassen, die ausdrücklich als „Ausgangssperren" firmierten, vgl. etwa

Anmerkungen

die Allgemeinverfügung des Landratsamtes Tirschenreuth v. 18.3.2020.
52. Vgl. etwa § 2 Abs. 6 Nr. 2 und Nr. 3, § 6 Zweite Bayerische Infektionsschutzmaßnahmenverordnung (2. BayIfSMV) i. d. F. der Verordnung v. 21.4.2020 (BayGVBl. 222).
53. BayVGH, 27.4.2020 – 20 NE 20.793, Rn. 40.
54. *Lübbe-Wolff*, FAZ, 24.3.2020, 11.
55. *Agamben*, NZZ, 7.4.2020.
56. Pointiert *W. Michl*, VerfBlog, 25.3.2020.
57. *Hofmann*, VerfBlog, 13.4.2020.
58. *Wißmann,* FAZ, 20.3.2020, 9.
59. *Lambrecht*, FAZ, 11.04.2020, 10.
60. *Agamben*, NZZ, 18.3.2020; *ders.*, NZZ, 7.4.2020.
61. *Schmitt*, Politische Theologie, 13, 43.
62. *Schmitt*, VVDStRL 1 (1924), 63 ff.; hierzu *Kersten*, JuS 2016, 193 (194 ff.).
63. *Volkmann*, VerfBlog, 20.3.2020, einschließlich der folgenden Zitate; vgl. auch *ders.*, FAZ, 1.4.2020, 12.
64. *Heinig*, VerfBlog, 17.3.2020.
65. *Volkmann*, FAZ, 6.5.2020, 9, zur Rechtsprechung in der Corona-Krise.
66. *Volkmann*, Merkur 708 (2008), 369.
67. *Volkmann*, FAZ, 1.4.2020, 12.
68. *Volkmann*, FAZ, 1.4.2020, 12.
69. *Volkmann*, FAZ, 6.5.2020, 9.
70. *S. Schönberger*, VerfBlog, 29.3.2020; *Krüper*, VerfBlog, 2.4.2020; *Di Fabio*, FAZ, 6.4.2020, 7; *Kersten*, ZRP 2020, 65.
71. *Gusy*, Weimarer Reichsverfassung, 407.
72. Art. 48 Bay. Verf., Art. 153 Brem. Verf., Art. 110, Art. 125 Hess. Verf., Art. 44 Nds. Verf., Art. 60 Verf. NW, Art. 111 Verf. RP.
73. *Fromme*, Von der Weimarer Verfassung zum Bonner Grundgesetz, 112 ff.
74. *Kersten*, JuS 2016, 193 (197 ff.).
75. BVerfGE 132, 1 (17); *Münkler*, in: Schmidt-Bleibtreu/Hofmann/Henneke, GG, Art. 35 Rn. 37.
76. BVerfGE 132, 1 (18 f.); 133, 241 (264).
77. BGBl. I 587; kritisch *Klafki*, JuWissBlog, 18.3.2020; *dies.*, VerfBlog, 25.3.2020; für einen Vergleich von § 28 Abs. 1 IfSG a. F. und n. F. *Rixen*, NJW 2020, 1097 (1098 f.).
78. *Hesse*, Grundzüge, Rn. 312.
79. BVerwG, NJW 2012, 2823, Rn. 26; für das frühere Bundesseuchengesetz BT-Drs. 8/2468, 27.
80. *Rixen*, NJW 2020, 1097 (1099 f.).
81. *Schoch*, Polizei- und Ordnungsrecht, Rn. 438 ff.
82. *Kingreen*, VerfBlog, 20.3.2020.

83. § 1 Abs. 1 S. 2 SARS-CoV-2-EindmaßnV Bln. v. 17.3.2020 (GVBl. 213); § 1 Abs. 2 SARS-CoV-2-EindmaßnV Bln. v. 2.4.2020 (GVBl. 234); ferner § 5 Bbg. SARS-CoV-2-Eindämmungsverordnung – SARS-CoV-2-EindV v. 8.5.2020 (GVBl. II 20); kritisch *Rixen*, NJW 2020, 1097 (1101).
84. Nr. 6a Anlage 6 zur GOBT eingeführt mit Wirkung v. 25.3.2020 durch Beschluss v. 25.3.2020 (BGBl. I 764); BT-Drs. 19/18126, 3, 5 f.
85. Vgl. parallel Nr. 8 der Anl. 3 zu § 92 BayLTGeschO betr. die vereinfachte Handhabung des Immunitätsrechts (BayGVBl. 2020, 177).
86. *Friehe*, VerfBlog, 11.3.2020.
87. *Lindner*, VerfBlog, 25.3.2020.
88. BayMBl. 2020 Nr. 150.
89. BayGVBl. Nr. 7/2020, 26.3.2020, S. 176.
90. *Möllers*, Der Tagesspiegel, 12.4.2020.
91. BVerfG, 9.4.2020 – 1 BvQ 29/20, Rn. 8.
92. Vgl. a. A. VGH BW, 11.5.2020 – 1 S 1216, Rn. 40 ff.
93. *Kingreen*, VerfBlog, 20.3.2020.
94. BVerfGE 115, 118 (139, 152).
95. BVerfGE 105, 275 (284).
96. BVerfGE 147, 253 (309 f.).
97. BayVGH, NJW 2020, 1236, Rn. 63.
98. Vgl. zur Zeitdimension des Verhältnismäßigkeitsprinzips *Kingreen*, VerfBlog, 20.3.2020; *Siegel*, NwVZ 2020, 577 (578).
99. Saarl.VerfGH, 28.4.2020 – Lv 7/20, 12 ff.; BayVGH, 27.4.2020 – 20 NE 20.793, Rn. 25 ff.
100. BayVGH, NJW 2020, 1236, Rn. 63.
101. Saarl.VerfGH, 28.4.2020 – Lv 7/20, 11.
102. § 17 SARS-CoV-2-EindmaßnV Bln. v. 22.3.2020 (GVBl. 220). Die Ausweispflicht war in der Neufassung der SARS-CoV-2-EindmaßnV Bln. v. 2.4.2020 (GVBl. 234) nicht mehr enthalten; hierzu *Fährmann/Aden/Arzt*, VerfBlog, 29.3.2020; *ders.*, VerfBlog, 15.4.2020.
103. *Truscheit*, FAS, 12.4.2020, 12.
104. Vgl. beispielsweise *Nordrhein-Westfalen*: § 11 Abs. 3 Hs. 1 CoronaSchVO NW v. 22.3.2020 (GV 178a) SARS-CoV-2 NW v. 30.3.2020 (GV 201) in der Fassung der SARS-CoV-2 NW v. 30.3.2020 (GV 202); *Saarland*: Nr. 3 Saarl. Allgemeinverfügung v. 16.3.2020; § 4 Saarl. VO v. 30.3.2020 (ABl. I 196B); *Thüringen*: II Nr. 1 S. 2 Thür. Erlass v. 19.3.2020; § 3 Abs. 1 S. 1 ThürSARS-CoV-2-EindmaßnVO v. 26.3.2020; § 3 Abs. 1 S. 2 2. ThürSARS-CoV-2-EindmaßnVO v. 7.4.2020: Verbot für mehr als die Haushaltsangehörigen und max. eine weitere Person.
105. BVerfG, 10.4.2020 – 1 BvQ 28/20, Rn. 5 ff.
106. BVerfG, 29.4.2020 – 1 BvQ 44/20, Rn. 14 f.

Anmerkungen

107. Vgl. beispielsweise *Baden-Württemberg*: § 3 Abs. 2 und 4 Corona-VO BW v. 17.3.2020; § 3 Abs. 5 Corona-VO BW v. 20.3.2020; § 3 Abs. 5 Corona-VO BW v. 22.3.2020; § 3 Abs. 4 Corona-VO BW v. 28.3.2020; *Bayern:* § 1 Abs. 1 S. 2 und 3 Bay. VO v. 27.3.2020 (BayMBl. Nr. 158); *Hamburg:* § 2 Abs. 1 S. 2 i. V. m. § 3 Abs. 2 Hmb. SARS-CoV-2-EindämmungsVO v. 2.4.2020 (GVBl. I 181); *Mecklenburg-Vorpommern:* § 6 Abs. 1 S. 2 Hs. i. V. m. Abs. 4 S. 2 SARSCoV-2 MV v. 3.4.2020 (GVOBl. 130) in der Fassung SARS-CoV-2-ÄnderungsV I MV v. 8.4.2020 (GVOBl. 146), für religiöse Zusammenkünfte unter freiem Himmel.
108. BVerfG, 29.4.2020 – 1 BvQ 44/20, Rn. 15; *Rixen*, NJW 2020, 1097 (1102).
109. BVerfG, 29.4.2020 – 1 BvQ 47/20, Rn. 18; BVerfG, 28.4.2020 – 1 BvR 899/20, Rn. 13; BayVGH, 27.4.2020 – 20 NE 20.793, Rn. 44 m. w. N.
110. BayVGH, 27.4.2020 – 20 NE 20.793, Rn. 28 f., 40.
111. Vgl. beispielhaft BayVGH, 27.4.2020 – 20 NE 20.793, Rn. 28 ff.
112. Vgl. beispielsweise § 2 Abs. 5 Nr. 1 2. BayIfSMV v. 16.4.2020 (BayMBl. Nr. 205); § 5 Abs. 2 CoronaSchVO NW v. 16.4.2020 (GV 222a) in der Fassung der SARS-CoV-2 NW v. 24.4.2020 (GV 306b).
113. BayVGH, 27.4.2020 – 20 NE 20.793, Rn. 38.
114. BayVGH, 27.4.2020 – 20 NE 20.793, Rn. 42; BVerfG, 29.4.2020 – 1 BvQ 47/20, Rn. 19; für eine entsprechende Regelung § 5 Abs. 2 S. 2 CoronaSchVO NW v. 16.4.2020 (GV 222a) in der Fassung der SARS-CoV-2 NW v. 24.4.2020 (GV 306b).
115. BayVGH, 27.4.2020 – 20 NE 20.793, Rn. 41.
116. BayVGH, 27.4.2020 – 20 NE 20.793, Rn. 25 ff.
117. *W. Michl*, VerfBlog, 28.4.2020.
118. *Lübbe-Wolff*, FAZ, 24.3.2020, 11.
119. Vgl. für eine entsprechende Regelung § 2 Abs. 5 Nr. 2 2. BayIfSMV v. 16.4.2020 (BayMBl. Nr. 205).
120. *Meinel/Möllers*, FAZ, 20.3.2020, 9.
121. Vgl. nur BVerfG, 14.4.2020 – 1 BvQ 37/20, Rn. 19 ff.; BVerfG, 15.4.2020, 1 BvR 828/20, Rn. 11 ff.; BVerfG, 1.5.2020 – 1 BvR 1003/20, Rn. 6 ff.
122. BVerfGE 128, 226 (250).
123. BVerfGE 69, 315 (344).
124. *Höfling*, in Sachs, GG, Art. 8 Rn. 59 ff., 80 f.
125. *Martini/Plöse*, JuWissBlog, 31.3.2020 (42/2020), zu dieser typisierenden Betrachtung.
126. § 1 Abs. 1 S. 1, § 11 Abs. 2 SARS-CoV-2-EindV Bbg. v. 22.3.2020 (GVBl II Nr. 11).
127. Nr. 1 S. 1 Sächs. Allgemeinverfügung v. 31.3.2020; § 2 Abs. 1 Sächs. CoronaSchVO v. 31.3.2020.

128. § 3 Abs. 1 S. 1 ThürSARS-CoV-2-EindmaßnVO v. 26.3.2020. Zunächst hatte Thüringen ein repressives Versammlungsverbot mit Dispensmöglichkeit verfügt (II Nr. 1 S. 1 i. V. m. S. 3 Thür. Erlass v. 19.3.2020). Sodann wurde das umfassende Versammlungsverbot des § 3 Abs. 1 S. 1 ThürSARS-CoV-2-EindmaßnVO v. 26.3.2020 erlassen, das wiederum durch ein generelles Versammlungsverbot abgelöst wurde: § 3 Abs. 1 S. 1 2. ThürSARS-CoV-2-EindmaßnVO v. 7.4.2020: Veranstaltungen, Versammlungen, Demonstrationen, Ansammlungen und sonstige Zusammenkünfte mit mehr als zwei Personen sind verboten mit der Ausnahme, dass es sich um Angehörige des eigenen Haushalts handelt und zusätzlich höchstens eine haushaltsfremde Person hinzukommt.
129. § 2 Abs. 2 S. 1 Saarl. VO v. 30.3.2020 (ABl. I 196B); anders noch Nr. 1 S. 1 i. V. m. S. 3 Saarl. Allgemeinverfügung v. 16.3.2020: Verbot von Versammlungen von mehr als fünf Personen mit einem ermessensförmigen Genehmigungsvorbehalt bei infektionsschutzrechtlicher Vertretbarkeit.
130. BVerfGE 69, 315 (355 ff.).
131. BVerfGE 69, 315 (350 ff.).
132. § 1 Abs. 2 S. 1 Hess.VO v. 14.3.2020 (GVBl. 161) in der Fassung vom 30.3.2020 (GVBl. 214).
133. § 2 Nr. 2 S. 1 Nds. Allgemeinverfügung v. 23.3.2020; § 2 Abs. 3 S. 2 Nds. VO v. 27.3.2020 (GBl. 48) in der Fassung der Nds. VO v. 7.4.2020 (GBl 63).
134. § 4 Abs. 2 S. 1 3. CoBeLVO RP v. 23.3.2020 (GVBl. 79); vgl. zuvor § 2 2. CoBeLV RP v. 20.3.2020: Verbot jeder Ansammlung von mehr als fünf Personen in der Öffentlichkeit.
135. VG Hannover, 27.03.2020 – 15 B 1968/20, Rn. 9.
136. BVerfG, 15.4.2020, 1 BvR 828/20, Rn. 2 ff.
137. BayVGH, 9.4.2020 – 20 CE 20.755, Rn. 4; a. A. VG Hamburg, 16.4.2020 – 17 E 1648/20, 5: „präventive Verbot für Versammlungen mit Ausnahmevorbehalt".
138. *Baden-Württemberg:* § 3 Abs. 3 und 4 Corona-VO BW v. 17.3.2020; § 3 Abs. 1, 2 und Abs. 6 Corona-VO BW v. 20.3.2020; § 3 Abs. 1, 2 und 6 Corona-VO BW v. 22.3.2020; § 3 Abs. 1, 2 und 6 Corona-VO BW v. 28.3.202.; *Bayern:* Nr. 1 S. 1 und 3 Allgemeinverfügung v. 16.3.2020 (BayMBl. Nr. 143/2020), § 1 Abs. 1 S. 1 und 3 BayIfSMV v. 27.3.2020 (BayMBl. Nr. 158); § 1 Abs. 1 S. 1 und 3 2. BayIfSMV v. 16.4.2020 (BayMBl. Nr. 205); *Berlin:* § 1 Abs. 1 i. V. m. Abs. 7 SARS-CoV-2-EindmaßnV Bln. v. 22.3.2020 (GVBl. 220); § 1 Abs. 1 i. V. m. Abs. 7 SARS-CoV-2-EindmaßnV Bln. v. 2.4.2020 (GVBl. 234), allerdings mit einer auf 20 Teilnehmer/innen beschränkten Ausnahmegenehmigung; zuvor Verbot von Versammlungen mit mehr als 50 (§ 1 Abs. 1 S. 1 i. V. m. Abs. 3 SARS-CoV-2-EindmaßnV Bln. v. 17.3.2020 [GVBl. 213]) und sodann mit mehr als 10 Teilnehmer/

Anmerkungen

innen (§ 1 Abs. 1 S. 1 i. V. m. Abs. 3 SARS-CoV-2-EindmaßnV Bln. v. 21.3.2020 [GVBl. 219]) mit Genehmigungsvorbehalt; *Hamburg:* Nr. 1 Hmb. Allgemeinverfügung v. 15.3.2020 (Amtl.Anz 333), § 2 Abs. 1 S. 1 i. V. m. § 3 Abs. 2 Hmb. SARS-CoV-2-EindämmungsVO v. 2.4.2020 (GVBl. I 181); *Mecklenburg-Vorpommern:* § 6 Abs. 1 S. 1 i. V. m. Abs. 4 S. 1 SARSCoV-2 MV v. 3.4.2020 (GVOBl. 130) in der Fassung SARS-CoV-2-ÄnderungsV I MV v. 8.4.2020 (GVOBl. 146); anders noch § 1a Abs. 2 S. 1 SARS-CoV-2-BekämpfV MV v. 17.3.2020 (GVBl. 82): mittelbares Versammlungsverbot; *Nordrhein-Westfalen:* § 11 Abs. 1 S. 1 i. V. m. Abs. 3 S. 1 CoronaSchVO NW v. 22.3.2020 (GV 178a) in der Fassung der SARS-CoV-2 NW v. 30.3.2020 (GV 202); *Sachsen-Anhalt:* § 1 Abs. 1 S. 2 i. V. m. S. 3 SARS-CoV-2-EindV SA v. 17.3.2020, § 1 Abs. 1 i. V. m. Abs. 5 S. 1 2. SARS-CoV-2-EindV SA v. 24.3.2020; *Schleswig-Holstein:* § 3 Abs. 1 und 2 SARS-CoV-BekämpfVO SH v. 2.4.2020; § 3 Abs. 1 und 2 SARS-CoV-BekämpfVO SH v. 8.4.2020.

139. BayVGH, 9.4.2020 – 20 CE 20.755, Rn. 4 ff., insbesondere 6 f.
140. BVerfG, 14.4.2020 – 1 BvQ 37/20, Rn. 19 ff.
141. BVerfG, 14.4.2020 – 1 BvQ 37/20, Rn. 23; ferner BVerfG, 1.5.2020 – 1 BvR 1003/20, Rn. 7.
142. VG Hamburg, 16.4.2020 – 17 E 1648/20, 5 ff.; hierzu auch *Ernst*, VerfBlog, 21.4.2020.
143. VG Hamburg, 16.4.2020 – 17 E 1648/20, 8.
144. Hmb. OVG, 16.4.2020 – 5 Bs 58/20, 2 f.; kritisch *Ernst*, VerfBlog, 21.4.2020.
145. Hmb. OVG, 16.4.2020 – 5 Bs 58/20, 3; kritisch *Ernst*, VerfBlog, 21.4.2020.
146. Nr. 2 Brem. Allgemeinverfügung v. 22.3.2020; § 6 Abs. 2 SARS-CoV-2 Brem. v. 3.4.2020 (GBl. 2020 168); § 6 Abs. 2 der Bremer SARS-CoV-2 v. 17.4.2020 (GBl. 2020 205).
147. *Wehner/Soldt*, FAZ 11.5.2020, 2.
148. *v. Stein*, Verwaltungslehre, 24· „Idee des arbeitenden Staates".
149. *Meinel/Möllers*, FAZ, 20.3.2020, 9, einschließlich der folgenden Zitate.
150. *Forsthoff*, Verwaltung, 1 ff.
151. *Kaube*, FAZ, 14.9.2002, 34.
152. *Forsthoff*, Verwaltung, 18.
153. *Forsthoff*, Staat der Industriegesellschaft, 74 ff.
154. BVerfGE 66, 248 (258); 134, 242 (306 f.); ablehnend aber zu Recht BVerfG, NVwZ 2009, 1283, Rn. 17.
155. *Jellinghaus*, Daseinsvorsorge, 24 ff., 87 ff.; zur Cholera *Vasold*, Grippe, Pest und Cholera, 99 ff.
156. *Jellinghaus*, Daseinsvorsorge, 159 ff.
157. *Jellinghaus*, Daseinsvorsorge, 253 ff.
158. Zitiert nach *Jaeschke*, Hegel-Handbuch, 57.

159. *Hegel*, Grundlinien, § 236; dazu *Rixen*, VVDStRL 74 (2015), 293 (307 f.).
160. BT-Drs. 17/12051, 5 f., 55 ff.
161. *Gerster*, FAS, 5.4.2020, 2.
162. So zu Recht *Di Fabio*, FAZ, 6.4.2020, 7; *Hofmann*, VerfBlog, 13.4.2020.
163. *Di Fabio*, FAZ, 6.4.2020, 7.
164. BVerfGE 5, 85 (198).
165. *Wißmann*, FAZ, 20.3.2020, 9, für eine aktive Bürgergesellschaft in der Corona-Krise.
166. BVerfGE 123, 186 (242); zum Anerkennungseffekt sozialer Infrastruktur auch im Gesundheitswesen *Rixen*, VVDStRL 74 (2015), 293 (303 ff.); *ders.*, Gesundheit im Sozialstaat.
167. *Böckenförde*, Lorenz von Stein als Theoretiker, 170 ff.
168. *v. Stein*, Verwaltungslehre, 42 ff., 48, einschließlich des Zitats.
169. *Bailes/Baumann/Schnitzler*, IfSG, vor § 16 (S. 151): „zahlreiche Überschneidungen"; zur Anwendung von § 16 IfSG in der Corona-Krise anstelle des überwiegend angewandten § 28 Abs. 1 S. 1 und 2 IfSG (ggfs. i. V. m. § 32 IfSG), VG Köln, 20.3.2020 – 7 L 510/20.
170. *Rixen*, NJW 2020, 1097 (1101).
171. Überschrift vor § 24 IfSG.
172. *Ataman*, Tweet v. 23.3.2020.
173. *Ataman*, Tweet v. 24.3.2020.
174. *Spinney*, 1918 – Die Welt im Fieber, 120, zu Rassismus bei der Seuchenbekämpfung.
175. *Deutsche Krankenhausgesellschaft*, Coronavirus.
176. www.intensivregister.de.
177. Verordnung zur Aufrechterhaltung und Sicherung intensivmedizinischer Krankenhauskapazitäten (DIVI IntensivRegister-Verordnung) v. 8.4.2020 (BAnz AT 9.4.2020 V4).
178. *Rixen*, Rationierungen, 53.
179. *Rixen*, Sozialrecht als öffentliches Wirtschaftsrecht, 61.
180. Art. 1 Abs. 1 S. 3 BayIfSG gestattet neben der Feststellung des Gesundheitsnotstands wegen einer Epidemie auch die Ausrufung des Katastrophenfalls.
181. *Spiegel*, Allokation von Rettungsmitteln, 269.
182. *Spiegel*, Allokation von Rettungsmitteln, 282.
183. *Spiegel*, Allokation von Rettungsmitteln, 309.
184. BGH, NJW 2003, 1588 (1593): „im Schnittfeld naturwissenschaftlicher und medizinethischer Überlegungen"; dazu *Höfling/Rixen*, JZ 2003, 884 (887 f.).
185. *Spiegel*, Allokation von Rettungsmitteln, 282 f., 288.
186. *Taupitz*, MedR 2020, 440 (447 f.).
187. *Spiegel*, Allokation von Rettungsmitteln, 267 f.

Anmerkungen

188. *Marquard*, Philosophie des Stattdessen, 274.
189. *Bahr*, taz, 10.5.2020.
190. *Deutsche Interdisziplinäre Vereinigung für Intensiv- und Notfallmedizin (DIVI) u. a.*, Entscheidungen, 7.
191. *Schweizerische Akademie der Medizinischen Wissenschaften*, Covid-19-Pandemie, Nr. 4.3.
192. *Schuler/Heller/Schubert*, FAZ, 15.4.2020, N 2.
193. *Hörnle*, VerfBlog, 4.4.2020.
194. *Deutscher Ethikrat*, Solidarität, 4.
195. *Schweizerische Akademie der Medizinischen Wissenschaften*, Covid-19-Pandemie, Nr. 4.4; dazu auch *Schöne-Seifert*, FAZ, 31.3.2020, 11.
196. *Schöne-Seifert/Van Aken*, FAZ, 14.4.2020, 11.
197. BVerfG, 26.2.2020, NJW 2020, 905, Rn. 223, 235, 248, 250 f., 256 f.
198. *Schöne-Seifert/Van Aken*, FAZ, 14.4.2020, 11.
199. *Strasser*, NZZ, 8.4.2020, 14.
200. *Deutscher Ethikrat*, Solidarität, 3; *Spiegel*, Allokation von Rettungsmitteln, 201 ff.
201. BVerfGE 139, 19, Rn. 52.
202. *Gelinsky*, Brauchen wir ein Triage-Gesetz?, 5; *Taupitz*, MedR 2020, 440 (441 f.).
203. *Höfling*, JZ 2007, 481 ff., zur ähnlichen Problematik im Transplantationsrecht.
204. *Wieler*, SZ, 16.5.2020.
205. BVerfG, NJW 2020, 905, Rn. 215, 217.
206. *Wieler*, Ärzte-Zeitung, 25.9.2017.
207. *Mers*, Infektionsschutz, 135 ff.
208. So die Begründung zum IfSG, BT-Drs. 14/2530, 71.
209. *Bales/Baumann/Schnitzler*, IfSG, § 20 Rn. 26.
210. *Rixen*, NJW 2020, 1097 (1099 Fn. 30).
211. *Bales/Baumann/Schnitzler*, IfSG, § 20 Rn. 26.
212. *Bales/Baumann/Schnitzler*, IfSG, § 20 Rn. 26
213. Vgl. *Mers*, Infektionsschutz, 156 f.
214. *Mers*, Infektionsschutz, 156.
215. Gesetz v. 10.2.2020 (BGBl. I 148), durch das insb. § 20 IfSG geändert wurde; zum Ziel des Gesetzes, Leben und körperliche Unversehrtheit zu schützen, BVerfG, 11.5.2020 – 1 BvR 469/20, 1 BvR 470/20, Rn. 15.
216. So das – etwa in der Begründung zum Masernschutzgesetz (BT-Drs. 19/13452, 1 f., 24, 26) gebräuchliche – positiv konnotierte Synonym für das robust klingende Wort „Herdenimmunität".
217. *Erdle*, IfSG, 84.
218. So etwa die Begründung zu § 23a IfSG, BT-Drs. 18/5261, 63.
219. Erinnert sei an die serologische Titerbestimmung (also der für die Immunität nötigen Menge an Antikörpern) im Rahmen der

Masernimpfung, vgl. § 20 Abs. 9 S. 1 Nr. 2 Var. 1 IfSG, dazu die Begründung zum IfSG, BT-Drs. 19/13452, 29.
220. *Bundesministerium für Arbeit und Soziales/Bundesministerium für Gesundheit*, Stellungnahme, 1.
221. BT-Drs. 18/5261, 63.
222. *v. Schwarzkopf/Schoeller*, DÄBl 2016, A 1855 f.
223. BT-Drs. 18/5261, 63.
224. *Klafki*, VerfBlog, 4.5.2020; *F. Michl*, VerfBlog, 11.5.2020.
225. Der „Entwurf eines Zweiten Gesetzes zum Schutz der Bevölkerung bei einer epidemischen Lage von nationaler Tragweite" (BT-Drs. 19/18967) enthielt die Vorschrift nicht mehr.
226. *Bundesregierung*, Beschluss über eine Formulierungshilfe, 21.
227. Art. 5 Abs. 2 S. 2 Polizeiaufgabengesetz (PAG) Bayern.
228. Vgl. etwa § 1 Abs. 6 CoronaVO BW v. 17.3.2020 (GBl. 120) sowie § 1b Abs. 8 CoronaVO BW i. d. F. der 7. ÄndVO v. 2.5.2020; § 30b Hmb. SARS-CoV-2-Eindämmungsverordnung v. 2.4.2020 (HmbGVBl. 181) i. d. F. der Verordnung v. 9.4.2020 (HmbGVBl. 205).
229. *Reitter*, Rechtspaternalismus, 24 ff., 46 ff.
230. BT-Drs. 19/13452, 2, 16, 27, 31.
231. BT-Drs. 19/13452, 31.
232. BT-Drs. 19/13452, 27.
233. BT-Drs. 19/13452, 29.
234. *Huster*, Ethik in der Medizin 22 (2010), 289 ff.
235. *Plessner*, Frage nach der Conditio humana, 147.
236. *Adorno/Horkheimer*, Dialektik der Aufklärung.
237. *Rixen*, WiVerw 2018, 127 (129).
238. *Elias*, Über den Prozess der Zivilisation.
239. BVerfGE 61, 291 (315).
240. Die „indirekte Beeinträchtigung der Grundrechte durch Abschreckung" wird als *chilling effect* bezeichnet, so z. B. *Husmann*, S&R 3/2015, 143 (152).
241. BVerfGE 65, 1 (43); 113, 29 (46); 115, 166 (188).
242. *Lindner*, VerfBlog, 13.3.2020; *ders.*, VerfBlog, 25.3.2020.
243. BVerfGE 1, 14 (33).
244. *Klein*, in: Maunz/Dürig, GG, Art. 39 Rn. 22 m. w. N.
245. *Luhmann*, Funktionen, 304.
246. *Magiera*, in: Sachs, GG, Art. 39 Rn. 19.
247. Vgl. hierzu und zum Folgenden *Kersten*, Schwarmdemokratie, 127 ff., 159 ff., 176 f.
248. *Bubrowski*, FAZ, 4.5.2020, 4.
249. *Bubrowski*, FAZ, 7.5.2020, 4, zu den rechtspolitischen Initiativen zur Änderung des Bundeswahlgesetzes.
250. BVerfGE 123, 39 (68).

Anmerkungen

251. Vgl. hierzu und zum Folgenden *Lindner*, VerfBlog, 13.3.2020; *ders.*, VerfBlog, 25.3.2020.
252. BVerfGE 134, 25 (30 f.).
253. *Roßmann/Mascolo*, SZ, 3.4.2020.
254. *Rhyn*, NZZ, 6.5.2020, 21.
255. *Friehe*, VerfBlog, 28.3.2020.
256. § 126a eingef. mWv 25.3.2020 durch Beschl. v. 25.3.2020 (BGBl. I 764); BT-Drs. 19/18126, 3, 5.
257. *Klein*, in: Maunz/Dürig, GG, Art. 38 Rn. 210, zum Pairing-Verfahren.
258. BVerfGE 140, 115 (150 f. m. w. N.).
259. *Gärditz//Meinel*, FAZ, 26.3.2020, 6; *C. Schönberger/S. Schönberger*, FAZ, 26.3.2020, 9.
260. *Thielbörger/Behlert*, VerfBlog, 19.3.2020; *dies.*, VerfBlog, 30.3.2020.
261. BVerfGE 130, 318 (348 m. w. N.).
262. *Roßmann/Mascolo*, SZ, 3.4.2020.
263. *Möllers*, VerfBlog, 20.3.2020; *ders.*, Der Tagesspiegel, 12.4.2020; *C. Schönberger/S. Schönberger*, FAZ, 26.3.2020, 9.
264. *Roßmann/Mascolo*, SZ, 3.4.2020.
265. *Buchsteiner*, FAZ, 23.4.2020, 3, einschließlich des vorstehenden Zitats.
266. *BT-Wissenschaftliche Dienste*, Virtuelles Parlament, 3 m. w. N.
267. *Ingold*, Der Staat 56 (2017), 491 (530 ff.); *Kersten*, Realitätsverschiebungen.
268. Änderung der Geschäftsordnung für den Bayerischen Landtag v. 20.4.2020 (GVBl. 223).
269. *BT-Wissenschaftliche Dienste*, Virtuelles Parlament, 4 f.
270. *Volkmann*, VerfBlog 20.3.2020; *Möllers*, VerfBlog, 26.3.2020.
271. *Ingold*, ZRP 2016, 143 (144).
272. *Ingold*, Recht der Oppositionen, 170 ff., 359 ff.
273. *Kuhn/Lindner/Remme/Schmidt-Matern*, Opposition in der Corona-Krise?
274. Vgl. § 14, § 15 IfSBG-NRW-Entwurf, NRW LT-Drs. 17/8920, 9 ff.; *Burger*, FAZ, 15.4.2020, 4.
275. *Möllers*, VerfBlog, 26.3.2020.
276. Zitiert nach FAZ, 21.4.2020, 1.
277. *Lohse*, FAZ, 24.4.2020, 2, einschließlich der Zitate.
278. *Schwenn*, FAZ, 4.4.2020, 15.
279. Zitiert nach Bubrowski/Lohse, FAZ, 5.5.2020, 3.
280. *Soldt*, FAZ, 9.5.2020, 1.
281. BVerfGE 115, 118 (151 ff.).
282. *Hofmann*, Die Zeit, 9.8.2007, 7.
283. *Depenheuer*, Selbstbehauptung, 75 ff.
284. *v. Lucke*, Blätter 12/2019, 5 ff.

285. *Petersen*, FAZ, 24.4.2020, 8: CDU/CSU 38 %, Bündnis 90/Die Grünen 19 %, SPD 16 %, AfD 9 %, Die Linke 7 %, FDP 6 %, Sonstige 5 %.
286. *Sattar*, FAZ, 26.4.2020, 6.
287. *Münkler*, Expertokratie.
288. TINA = There is no alternative.
289. Kritisch *Séville*, Sound der Macht, 21 ff.
290. *Weber*, Wirtschaft und Gesellschaft, 459.
291. *Hesse*, Der unitarische Bundesstaat.
292. Art. 74 Abs. 1 Nr. 19 GG: Maßnahmen gegen gemeingefährliche oder übertragbare Krankheiten bei Menschen und Tieren.
293. Vgl. etwa § 65 S. 1 Zuständigkeitsverordnung (ZustV) Bayern v. 16.6.2015 (GVBl. 184) m. spät. Änd.; § 1 Abs. 1, § 2 Abs. 1, § 3 Abs. 1 Infektionsschutz- und Befugnisgesetz (IfSBG-NRW) v. 14.4.2020 (GV. NRW. 217b).
294. *Rixen*, VSSR 2007, 213 (216).
295. Auf die „Sachverständigenfunktion" mit Blick auf „Fachfragen" weist hin § 1 bzw. § 4 Abs. 3 Gesundheitsdienst-Gesetz (GDG) Schleswig-Holstein v. 14.12.2001 (GVOBl. 398) m. spät. Änd.
296. § 16 Abs. 7 i. V. m. Abs. 1 und 2 IfSG sowie § 28 Abs. 3 IfSG, der u. a. auch § 16 Abs. 7 IfSG verweist.
297. Vgl. zur Unterscheidung etwa auch § 16 Abs. 2 S. 1 IfSG: „die Beauftragten der zuständigen Behörde und des Gesundheitsamtes".
298. *Rixen*, Befugnisse und Grenzen, 78 f.
299. § 20 Abs. 12 S. 3 IfSG zur Befugnis des Gesundheitsamtes, ein Betretens- oder Tätigkeitsverbot auszusprechen.
300. § 2 Abs. 2 S. 1 Niedersächsisches Gesetz über den öffentlichen Gesundheitsdienst (NGöGD) v. 24.3.2006 (GVBl. 178) m. spät. Änd.
301. § 2 Abs. 2 Nr. 1 Hessisches Gesetz über den öffentlichen Gesundheitsdienst (HGöGD) v. 28.9.2007 (GVBl. I 2007, 659) m. spät. Änd.
302. *Sachs*, in: Sachs, GG, Art. 87 Rn. 76.
303. Allgemeine Verwaltungsvorschrift zum Infektionsschutzgesetz über die Zusammenarbeit der Gesundheitsämter und der Sanitätsdienststellen der Bundeswehr (Verwaltungsvorschrift IfSG-Bundeswehr – IfSGBw-VwV) v. 9.1.2002 (BAnz. 1188); Verwaltungsvorschrift-IfSG-Koordinierung (IfSGKoordinierungs-VwV) v. 12.12.2013 (BAnz. AT v. 18.12.2013 B3).
304. *Rixen*, Befugnisse und Grenzen, 77.
305. Gesetz über Nachfolgeeinrichtungen des Bundesgesundheitsamtes (BGA-Nachfolgegesetz – BGA-NachfG) v. 24.6.1994 (BGBl. I 1416) m. spät. Änd.
306. *Robert Koch-Institut*, Empfehlungen.

Anmerkungen

307. Zweites Gesetz zum Schutz der Bevölkerung bei einer epidemischen Lage von nationaler Tragweite v. 19.5.2020 (BGBl. I 1018); zum Folgenden *Rixen*, Die epidemische Lage, § 4 Rn. 27.
308. Vgl. insb. Art. 74 Abs. 1 Nr. 19 GG.
309. *Siekmann*, in: Sachs, GG, Art. 104a Rn. 9.
310. Als Beispiel sei auf das sog. Gute-Kita-Gesetz verwiesen, *Rixen*, NVwZ 2019, 432 ff.
311. § 7 Corona-Kontakt- und Betriebsbeschränkungsverordnung Hessen v. 7.5.2020 (GVBl. 302).
312. Gesetz v. 27.3.2020 (BGBl. I 587).
313. Zweites Gesetz zum Schutz der Bevölkerung bei einer epidemischen Lage von nationaler Tragweite v. 19.5.2020 (BGBl. I 1018).
314. *Rixen*, NJW 2020, 1097 (1102).
315. Siehe etwa § 1 Ernährungssicherstellungs- und -vorsorgegesetz (ESVG) v. 4.4.2017 (BGBl. I 772) zur Feststellung einer „Versorgungskrise".
316. Gesetz v. 24.6.1968 (BGBl. I 709).
317. In den Formulierungshilfen, die dem Gesetzentwurf vorhergingen, wurde – was weiterhin Anhaltspunkte sind – auf die von der WHO ausgerufene gesundheitliche Notlage von internationaler Tragweite (Art. 12 Internationale Gesundheitsvorschriften [IGV], BGBl. 2007 II 930 [942 f.]) oder eine bundesländerübergreifende Ausbreitung schwerwiegender übertragbarer Krankheiten hingewiesen.
318. BT-Prot. 19/154 v. 25.3.2020, 19169 (C), BT-Drs. 19/18156 (Beschlussempfehlung).
319. VO v. 30.3.2020 (BAnz. AT 31.3.2020 V1), VO v. 8.4.2020 (BAnz. AT 9.4.2020 V3), VO v. 8.4.2020 (BAnz. AT 9.4.2020 V4), VO v. 20.4.2020 (BAnz. AT 21.4.2020 V1).
320. BayIfSG v. 25.3.2020 (GVBl 174).
321. Infektionsschutz- und Befugnisgesetz (IfSBG-NRW) v. 14.4.2020 (GV. NRW. 217b).
322. Die folgenden Abschnitte in enger Anlehnung an *Rixen*, Die epidemische Lage, § 4 Rn. 17 ff.
323. BVerfGE 8, 155 (171).
324. BVerfGE 8, 155 (171).
325. *BT-Wissenschaftliche Dienste*, Staatsorganisation, 6.
326. *Kloepfer* u. a., Legislativer Änderungsbedarf, 267 ff.
327. *BT-Wissenschaftliche Dienste*, Staatsorganisation, 8.
328. § 2 Abs. 3 Wirtschaftssicherstellungsgesetz (WiSiG) i. d. F. der Bekanntmachung v. 3.10.1968 (BGBl. I 1069), zuletzt geändert durch Art. 262 der Verordnung v. 31.8.2015 (BGBl. I 1474); § 1 Abs. 2 S. 2 Wassersicherstellungsgesetz (WaSiG) v. 24.8.1965 (BGBl. 1965 I 1225 [1817]), zuletzt geändert durch Art. 2 Abs. 20 des Gesetzes v. 12.8.2005 (BGBl. I 2354).

329. BT-Drs. 19/18111, 20.
330. *Dittmann/Winkler*, in: Sachs, GG, Art. 83 Rn. 19, 21.
331. § 3 WasSiG; vgl. ferner § 5 WiSiG, dort kann die Bundesregierung die Ermächtigung allerdings an Bundesministerien delegieren.
332. § 4 ESVG.
333. § 3 Abs. 1 und 2 ESVG; vgl. auch § 6 Abs. 1 S. 1 ESVG.
334. *Ritgen*, Der Landkreis 2020, 137 (141).
335. § 5 ESVG, dazu BT-Drs. 18/10943, 24.
336. § 8 Abs. 1 S. 1 WiSiG, § 16 Abs. 1 WasSiG.
337. § 8 Abs. 1 S. 2 WiSiG.
338. § 9 WiSiG.
339. BT-Drs. IV/892, 11. – Die Vorschriften zum Spannungs- (Art. 80a GG) oder zum Verteidigungsfall (Art. 115a ff. GG) sehen diese Gestaltungen nicht vor.
340. *Dittmann/Winkler*, in: Sachs, GG, Art. 84 Rn. 42 ff., Art. 85 Rn. 23.
341. *BT-Wissenschaftliche Dienste*, Staatsorganisation, 10, zu Art. 87 Abs. 1 S. 2 GG.
342. *Dittmann/Winkler*, in: Sachs, GG, Art. 83 Rn. 16.
343. BVerfGE 11, 6 (17); 22, 180 (216 f.).
344. BVerfGE 41, 291 (312).
345. BVerfGE 11, 6 (18).
346. BVerfGE 41, 291 (312).
347. *BT-Wissenschaftliche Dienste*, Staatsorganisation, 10.
348. Vgl. etwa § 10 Abs. 1 PatG.
349. *Maurer/Waldhoff*, Allgemeines Verwaltungsrecht, § 21 Rn. 45.
350. *Sachs*, in: Stelkens/Bonk/Sachs, VwVfG § 44 Rn. 161 ff., 170 f. m. w. N.
351. Vgl. zur Zuständigkeit § 2 Abs. 1 S. 1 Nr. 3 Gesetz über den öffentlichen Gesundheitsdienst BW v. 17.12.2015 (GBl. 1210).
352. BVerfG, 5.5.2020 – 2 BvR 859/15 u. a., Rn. 116, 133 ff.
353. § 3 Abs. 3 S. 1 3. ThürSARS-CoV-2-EindmaßnVO v. 18.4.2020 (GVBl. 135).
354. § 3 Abs. 3 S. 4 3. ThürSARS-CoV-2-EindmaßnVO v. 18.4.2020 (GVBl. 135).
355. BVerfGE 78, 205 (210).
356. *Wittreck*, Verwaltung der Dritten Gewalt, 461.
357. *Wittreck*, Verwaltung der Dritten Gewalt, 461.
358. § 547 Nr. 5 ZPO, § 338 Nr. 6 StPO, § 72 Abs. 2 Nr. 3 ArbGG i. V. m. § 547 Nr. 5 ZPO, § 202 S. 1 SGG i. V. m. § 547 Nr. 5 ZPO, 138 Nr. 5 VwGO, § 119 Nr. 5 FGO.
359. § 20 Fünfte SARS-CoV-2-Eindämmungsverordnung (5. SARS-CoV-EindV) Sachsen-Anhalt v. 2.5.2020 (GVBl. 219).
360. Text des Erlasses übermittelt durch den Pressesprecher des Justizministeriums mit E-Mail v. 11.5.2020; wegen des Führens einer Anwesenheitsliste, die u. a. auch den Namen erfasst, wird

Anmerkungen

auf § 1 Abs. 4 Nr. 2 der Verordnung v. 24.3.2020 verwiesen, nunmehr § 1 Abs. 6 Nr. 2 i. d. F. der 5. SARS-CoV-2-EindV v. 2.5.2020 (GVBl. 219).
361. BGHSt 17, 201 (203 f.).
362. Art. 2 bis 5 des Gesetzes zu sozialen Maßnahmen zur Bekämpfung der Corona-Pandemie (Sozialschutz-Paket II) v. 20.5.2020 (BGBl. I 1055).
363. BVerfGE 103, 44 (63).
364. *Mers*, Infektionsschutz, 195 ff., 204 ff.
365. BVerfGE 91, 125 (136 f.); 103, 44 (62 f.); BVerfG, NJW-RR 2007, 1053 (1054).
366. OVG SH, 15.5.2018 – 4 MB 57/18, Rn. 6.
367. VGH BW, NJW 2017, 3543.
368. OLG Celle, NStZ 1991, 559 (560).
369. *Kingreen*, in: Calliess/Ruffert, EUV/AEUV, Art. 168 AEUV Rn. 11.
370. *Kingreen*, in: Calliess/Ruffert, EUV/AEUIV, Art. 168 AEUV Rn. 4, 25.
371. Art. 168 Abs. 1 UAbs. 1 S. 1 und 2 AEUV.
372. Art. 168 Abs. 3 AEUV.
373. Verordnung (EG) Nr. 851/2004 (ABl. EU L 142/1).
374. Informationen unter www.ecdc.europa.eu.
375. *Kingreen*, in: Calliess/Ruffert, EUV/AEUV, Art. 168 AEUV Rn. 16 (Fn. 38), vgl. auch Erwägungsgrund (6) zur Verordnung (EG) Nr. 851/2004 (ABl. EU L 142/1): „This Regulation does not confer any regulatory powers on the Centre."
376. Art. 8 der Verordnung (EG) Nr. 851/2004 (ABl. EU L 142/1).
377. Art. 4, 10, 11 der Verordnung (EG) Nr. 851/2004 (ABl. EU L 142/1).
378. Informationen unter https://ec.europa.eu/health/sites/health/files/programme/docs/summary-prog_en.pdf.
379. Vgl. zum dritten Aktionsprogramm im Bereich der Gesundheit Verordnung (EU) Nr. 282/2014 (ABl. EU L 86/1).
380. *Europäische Kommission*, Mitteilung, 16.3.2020; *Europäische Kommission*, Mitteilung, 8.4.2020; *European Commission*, Communication, 8.5.2020.
381. Zu weiteren eher informatorischen Leitlinien der EU-Kommission: *Europäische Kommission*, Reisen und Verkehr.
382. Zur „Pestgrenze" und vergleichbaren (Ein-)Reisebeschränkungen *Rixen*, NJW 2020, 1097 (1099) m. w. N.
383. Verordnung (EU) 2020/460 v. 30.3.3030 (ABl. EU L 99/5).
384. Verordnung (EU) 2020/461 v. 30.3.2020 (ABl. EU L 99/9).
385. Gesetz zum ESM-Vertrag v. 13.9.2012 (BGBl. II 981).
386. *Kuratorium Singer*, Lexikon, 148.
387. BVerfG, 5.5.2020 – 2 BvR 859/15 u. a., Rn. 226 ff.
388. BVerfG, 5.5.2020 – 2 BvR 859/15 u. a., Rn. 181 ff.
389. *Häde*, in: Calliess/Ruffert, EUV/AEUV, Art. 122 AEUV Rn. 16.

390. BVerfG, 5.5.2020 – 2 BvR 859/15 u.a., Rn. 164 ff.
391. BVerfG, Pressemitteilung Nr. 32/2020 v. 5.5.2020.
392. *European Central Bank*, Decision (EU) 2020/440 of 24 March 2020 on a temporary pandemic emergency purchase programme (ECB/2020/17), ABl. EU 2020, L 91/1.
393. *Kingreen*, in: Calliess/Ruffert, EUV/AEUV, Art. 168 AEUV Rn. 17.
394. Art. 2 Internationale Gesundheitsvorschriften – IGV – (2005) (BGBl. 2007 II 932).
395. *Pflug*, Pandemievorsorge, 80 ff.; *Klafki*, Risiko und Recht, insb. 161 ff., 174 ff., 227 ff., 297 ff.; *Trute*, GSZ 2018, 125 ff. Neben den IGV 2005 (mit Zustimmungsgesetz in BGBl. 2007 II 930) verdeutlicht dies das IGV-Durchführungsgesetz (IGV-DG) v. 21.3.2013 (BGBl. I 566), zuletzt geändert durch Art. 4 des Gesetzes v. 27.3.2020 (BGBl. I 587).
396. *Kingreen*, in: Calliess/Ruffert, EUV/AEUV, Art. 168 AEUV Rn. 17.
397. In der deutschen Medienöffentlichkeit wird das wenig thematisiert, vgl. aber die Berichte über Subsahara-Afrika (NZZ, 24.4.2020, 4) und Indien (NZZ, 27.3.2020, 4), vgl. auch den Bericht über die Lage in Ecuador (NZZ, 4.4.2020, 4).
398. Vgl. hierzu die Satzung (im Original „Constitution") der WHO (BGBl. 1974 II 45).
399. *Lübbe-Wolff*, FAZ, 24.3.2020, 11.
400. *Lübbe-Wolff*, FAZ, 24.3.2020, 11; *Wißmann*, FAZ, 6.4.2020, 11.
401. *Huster*, VerfBlog, 22.3.2020.
402. *Di Fabio*, FAZ, 6.4.2020, 7.
403. BVerfG, 13.5.2020 – 1 BvR 1021/20, Rn. 9.
404. *Höfling/Rixen*, Verfassungsfragen, 115; *Rixen*, VVDStRL 74 (2015), 293 (342).
405. Zum Folgenden auch *Rixen*, RuP 2020, 1 (8 f.).
406. Vgl. das „Koordinationsorgan" gemäß Art. 54 Epidemiengesetz (EpG) Schweiz; siehe auch die „Verwaltungsvorschrift-IfSG-Koordinierung" (BAnz. AT v. 18.12.2013 B3).
407. *Allmendinger*, Der Tagesspiegel, 14.4.2020; vgl. ferner www.diejungeakademie.de.
408. www.bagso.de.
409. *Nassehi*, NZZ, 29.4.2020, 5.
410. Vgl. die Beiträge bei *Thießen*, Infiziertes Europa; ferner *Rengeling*, Vom geduldigen Ausharren.
411. *Bröning*, NZZ, 24.4.2020, 12.
412. Zu Recht ist die fehlende „Unterbrechung theoretischer Selbstgewissheit" angesichts der Corona-Krise moniert worden, so *Encke*, FAS, 26.4.2020, 33; für die juristische Diskussion *Sauer*, VerfBlog, 9.4.2020.

Anmerkungen

413. *Sloterdijk,* Die Zeit, 8.4.2020, 47; zur Kritik an Äußerungen von Peter Sloterdijk und Giorgio Agamben in der Corona-Krise durch Alain Finkielkraut *Altwegg*, FAZ, 1.4.2020, 9.
414. *Soboczynski*, Die Zeit, 2.4.2020, 45.
415. *Nassehi,* NZZ, 29.4.2020, 5.
416. *Marquard*, Skepsis als Philosophie der Endlichkeit, 281 ff.
417. *Schellnhuber,* FAZ, 16.4.2020, 9.
418. *Allert*, NZZ, 27.3.2020, 16.
419. *Marquard*, Philosophie des Stattdessen, 276.
420. *Reinhardt*, NZZ, 19.3.2020, 19.
421. Zitiert nach *Lohse*, FAZ, 24.4.2020, 2.
422. *Marquard*, Philosophie des Stattdessen, 276.
423. *Marquard*, Philosophie des Stattdessen, 276.
424. *Merkel*, Fernsehansprache, 18.3.2020.
425. *Merkel*, BT-Prot. 19/156 v. 23.4.2020, 19296.
426. *Di Fabio*, FAZ, 6.4.2020, 7.

Literaturverzeichnis

Alle digitalen Quellen wurden am 20. Mai 2020 zuletzt abgerufen.

Adorno, Theodor W./Horkheimer, Max: Dialektik der Aufklärung, in: Theodor W. Adorno, Gesammelte Schriften, 3. Bd., Frankfurt/M. 1981.
Agamben, Giorgio: Wir sind nunmehr das nackte Leben, in: NZZ, 18.3.2020 (www.nzz.ch/feuilleton/giorgio-agamben-ueber-das-coronavirus-wie-es-unsere-gesellschaft-veraendert-ld.1547093).
Agamben, Giorgio: Wir sollten uns weniger Sorgen machen und mehr denken, in: NZZ, 7.4.2020 (www.nzz.ch/feuilleton/giorgio-agamben-zur-coronakrise-wir-sollten-uns-weniger-sorgen-und-mehr-nachdenken-ld.1550672?reduced=true).
Ahn, D./Shin, H. J./Kim, M. H. et al.: Current Status of Epidemiology, Diagnosis, Therapeutics, and Vaccines for Novel Coronavirus Disease 2019 (COVID-19), in: J Microbiol Biotechnol. 30 (2020), 313 ff.
Allert, Tilman: Merkels Authentizität, in: NZZ (Internationale Ausgabe), 27.3.2020, 16.
Allmendinger, Jutta: Das Wohlergehen der Frauen wird nicht adressiert (Interview), in: Der Tagesspiegel, 14.4.2020, (www.tagesspiegel.de/wissen/kritik-an-leopoldina-empfehlung-das-wohlergehen-der-frauen-wird-nicht-adressiert/25739444.html).
Altwegg, Jürg: Die Niederlage der Denker, in: FAZ, 1.4.2020, 9.
Andersen, K. G./Rambaut, A./Lipkin, W. et al.: The proximal origin of SARS-CoV-2, in: Nature Medicine 26 (2020), 450 ff.
Arendt, Hannah: Vita activa oder Vom tätigen Leben, 9. Aufl., München/Zürich 2010.
Ataman, Ferda: Tweet v. 23.3.2020 (https://twitter.com/FerdaAtaman/status/1242005074286608384).
Ataman, Ferda: Tweet v. 24.3.2020 (https://twitter.com/FerdaAtaman/status/1242349505384722433).
Bahr, Petra: Der Ton ist nervös und ruppig, taz, 10.5.2020 (https://taz.de/Bischoefin-ueber-den-Umgang-mit-Corona/!5681515).
Bales, Stefan/Baumann, Hans Georg/Schnitzler, Norbert: IfSG, 2. Aufl., Stuttgart 2003.
Böckenförde, Ernst-Wolfgang: Entstehung und Wandel des Rechtsstaatsbegriffs, in: ders., Recht, Staat, Freiheit. Studien zur Rechtsphilosophie, Staatstheorie und Verfassungsgeschichte, Frankfurt/M. 1991, 143 ff.
Böckenförde, Ernst-Wolfgang: Lorenz von Stein als Theoretiker der Bewegung von Staat und Gesellschaft zum Sozialstaat, in: ders., Recht, Staat, Freiheit. Studien zur Rechtsphilosophie, Staatstheorie und Verfassungsgeschichte, Frankfurt/M. 1991, 170 ff.

Brecht, Bertolt: Über eingreifendes Denken, in: ders., Gesammelte Werke, 20. Bd., Frankfurt/M. 1967, 158 ff.

Bröning, Michael: Der Mythos der Zeitenwende, in: NZZ (Internationale Ausgabe), 24.4.2020, 12.

BT (Deutscher Bundestag)-Wissenschaftliche Dienste: Staatsorganisation und § 5 Infektionsschutzgesetz. WD 3-3000-080/20, Berlin 2.4.2020.

BT (Deutscher Bundestag)-Wissenschaftliche Dienste: Virtuelles Parlament. Verfassungsrechtliche Bewertung und mögliche Grundgesetzänderung. WD 3-3000-084/20, Berlin 31.3.2020.

Bubrowski, Helene: Abgrenzung per Livestream, in: FAZ, 4.5.2020, 4.

Bubrowski, Helene: Koalition will Briefwahl ausweiten, in: FAZ, 7.5.2020, S. 4.

Bubrowski, Helene/Lohse, Eckart: In banger Erwartung, in: FAZ, 5.5.2020, 3.

Buchsteiner, Jochen: Deutsches Vorbild, in: FAZ, 23.4.2020, 3.

Bundesministerium für Arbeit und Soziales/Bundesministerium für Gesundheit: Stellungnahme zu § 23a Infektionsschutzgesetz (IfSG), insbesondere zum Verhältnis zur Verordnung zur arbeitsmedizinischen Vorsorge (ArbMedVV), 20.11.2015 (www.baua.de/DE/Aufgaben/Geschaeftsfuehrung-von-Ausschuessen/AfAMed/pdf/Stellungnahme-Infektionsschutzgesetz.pdf?__blob=publicationFile&v=2).

Bundesregierung: Beschluss über eine Formulierungshilfe für die Fraktionen der CDU/CSU und SPD für einen aus der Mitte des Deutschen Bundestages einzubringenden Entwurf eines Zweiten Gesetzes zum Schutz der Bevölkerung bei einer epidemischen Lage von nationaler Tragweite, 29.4.2020 (www.bundesgesundheitsministerium.de/fileadmin/Dateien/3_Downloads/Gesetze_und_Verordnungen/GuV/S/Entwurf_Zweites_Gesetz_zum_Schutz_der_Bevoelkerung_bei_einer_epidemischen_Lage_von_nationaler_Tragweite.pdf).

Burger, Reiner: Epidemie-Gesetz verabschiedet, in: FAZ, 15.4.2020, 4.

BVerfG (Bundesverfassungsgericht): Pressemitteilung Nr. 32/2020 v. 5.5.2020, „Beschlüsse der EZB zum Staatsanleihekaufprogramm kompetenzwidrig" (www.bundesverfassungsgericht.de/SharedDocs/Pressemitteilungen/DE/2020/bvg20-032.html).

Calliess, Christian/Ruffert, Matthias (Hrsg.): EUV/AEUV, 5. Aufl., München 2016.

Chen, Y./Liu, Q./Guo, D.: Emerging coronaviruses: Genome structure, replication, and pathogenesis, in: J Med Virol. 92 (2020), 418 ff.

Depenheuer, Otto: Selbstbehauptung des Rechtsstaats, 2. Aufl., Paderborn/München/Wien/Zürich 2008.

Deutsche Interdisziplinäre Vereinigung für Intensiv- und Notfallmedizin (DIVI) u. a.: Entscheidungen über die Zuteilung von Ressourcen in der Notfall- und der Intensivmedizin im Kontext der COVID-

19-Pandemie. Klinisch-ethische Empfehlungen, 25.3.2020 (www.divi.de).

Deutsche Krankenhausgesellschaft: Coronavirus: Fakten und Infos (www.dkgev.de/dkg/coronavirus-fakten-und-infos/).

Deutscher Ethikrat: Solidarität und Verantwortung in der Corona-Krise – Ad-hoc-Empfehlung, Berlin 2020 (www.ethikrat.org).

Di Fabio, Udo: An den Grenzen der Verfassung, in: FAZ, 6.4.2020, 7.

Doemming, Klaus-Berto von/Füsslein, Rudolf Werner/Matz, Werner: Entstehungsgeschichte der Artikel des Grundgesetzes, in: JöR n. F. Bd. 1 (1951), 1 ff.

Elias, Norbert: Über den Prozess der Zivilisation, in: ders., Gesammelte Schriften, 3. Bd., Frankfurt/M. 1997.

Encke, Julia: Was Theorie noch kann, in: FAS, 26.4.2020, 33.

Erdle, Helmut: IfSG, 7. Aufl., Landsberg am Lech 2020.

Ernst, Christian: Zwei Schritte vor, einer zurück. Der lange Weg zur Versammlungsfreiheit in Corona-Zeiten, in: VerfBlog, 21.4.2020.

European Commission: Communication on the second assessment of the application of the temporary restriction on non-essential travel to the EU, Brussels, 8.5.2020 COM(2020) 222 final (https://ec.europa.eu/info/sites/info/files/assessment-application-temporary-restriction-travel_en.pdf).

Europäische Kommission: Bewertung der Anwendung der vorübergehenden Beschränkung von nicht unbedingt notwendigen Reisen in der EU, 8.4.2020 COM(2020) 148 final (https://eur-lex.europa.eu/legal-content/DE/TXT/PDF/?uri=CELEX:52020DC0148&from=EN).

Europäische Kommission: COVID-19: Vorübergehende Beschränkung von nicht unbedingt notwendigen Reisen in die EU, 16.3.2020 COM(2020) 115 final (https://eur-lex.europa.eu/legal-content/DE/TXT/PDF/?uri=CELEX:52020DC0115&from=DE).

Europäische Kommission: Reisen und Verkehr während der Coronavirus-Pandemie (https://ec.europa.eu/info/live-work-travel-eu/health/coronavirus-response/travel-and-transportation-during-coronavirus-pandemic_de).

Fährmann, Jan/Arzt, Clemens/Aden, Hartmut: Ausweispflicht per Corona-Verordnung? Verordnungsgeber missachten rechtsstaatliche Grenzen, in: VerfBlog, 29.3.2020.

Fährmann, Jan/Aden, Hartmut/Arzt, Clemens: Versammlungsfreiheit – auch in Krisenzeiten, in: VerfBlog, 15.4.2020.

Forsthoff, Ernst: Der Staat der Industriegesellschaft dargestellt am Beispiel der Bundesrepublik Deutschland, München 1971.

Forsthoff, Ernst: Die Verwaltung als Leistungsträger, Stuttgart/Berlin 1938.

Friehe, Matthias: Freiheit in höchsten Nöten, in: VerfBlog, 28.3.2020.

Friehe, Matthias: Was heißt hier immun?, in: VerfBlog, 11.3.2020.

Fromme, Friedrich Karl: Von der Weimarer Verfassung zum Bonner Grundgesetz. Die verfassungspolitischen Folgerungen des Parlamentarischen Rates aus Weimarer Republik und nationalsozialistischer Diktatur, Tübingen 1960.

Gärditz, Klaus Ferdinand/Meinel, Florian: Unbegrenzte Ermächtigung?, in: FAZ, 26.3.2020, 6.

Gao, Y./Yan, L./Huang, Y. et al.: Structure of the RNA-dependent RNA polymerase from COVID-19 virus, in: Science 368 (2020), 779 ff.

Gaschke, Susanne: Die Politik ist nun endgültig durchpädagogisiert, in: NZZ (Internationale Ausgabe), 11.4.2020, 14.

Gelinsky, Katja: Brauchen wir ein Triage-Gesetz? Zur Verteilung von Überlebenschancen bei unzureichenden medizinischen Ressourcen (Teil 1), Konrad-Adenauer-Stiftung, Informationen & Recherchen, 7.4.2020 (www.kas.de/de/einzeltitel/-/content/brauchen-wir-ein-triage-gesetz).

Gerster, Livia: Der Bericht, den keiner las, in: FAS, 5.4.2020, 2.

Guan, W.J./Liang, W. H./Zhao, Y. et al.: China Medical Treatment Expert Group for Covid-19. Comorbidity and its impact on 1590 patients with Covid-19 in China: A Nationwide Analysis, in: Eur Respir J. 26.3.2020. pii: 2000547.

Gusy, Christoph: Die Weimarer Reichsverfassung, Tübingen 1997.

Habermas, Jürgen: Kampf um Anerkennung im demokratischen Rechtsstaat (1993), in: ders., Die Einbeziehung des Anderen. Studien zur politischen Theorie, Frankfurt 1999, 237 ff.

Hegel, Georg Wilhelm Friedrich: Grundlinien der Philosophie des Rechts, in: ders., Werke, 7. Bd., 2. Aufl., Frankfurt 1989.

Heinig, Hans Michael: Gottesdienstverbot auf Grundlage des Infektionsschutzgesetzes, in: VerfBlog, 17.3.2020.

Hesse, Konrad: Der unitarische Bundesstaat, Karlsruhe 1962.

Hesse, Konrad: Grundzüge des Verfassungsrechts der Bundesrepublik Deutschland, 20. Aufl. (Nachdruck), Heidelberg 1999.

Höfling, Wolfram: Verteilungsgerechtigkeit in der Transplantationsmedizin?, in: JZ 2007, 481 ff.

Höfling, Wolfram/Rixen, Stephan: Verfassungsfragen der Transplantationsmedizin. Hirntodkriterium und Transplantationsgesetz in der Diskussion, Tübingen 1996.

Höfling, Wolfram/Rixen, Stephan: Vormundschaftsgerichtliche Sterbeherrschaft?, in: JZ 2003, 884 ff.

Hörnle, Tatjana: Dilemmata bei der Zuteilung von Beatmungsgeräten, in: VerfBlog, 4.4.2020.

Hoffmann, M./Kleine-Weber, H./Schroeder, S. et al.: SARS-CoV-2 Cell Entry Depends on ACE2 and TMPRSS2 and Is Blocked by a Clinically Proven Protease Inhibitor, in: Cell 181 (2020), 271 ff.

Hofmann, Claudia Maria: Verhältnismäßigkeit mit der Holzhammermethode. Ausgangsbeschränkungen in Bayern, in: VerfBlog, 13.4.2020.
Honneth, Axel: Das Recht der Freiheit. Grundriss einer demokratischen Sittlichkeit, Frankfurt/M. 2011.
Husmann, Markus: Demokratiefeindliche Polizeikostenüberwälzung, in: S&R 3/2015, 143 ff.
Hussain, M./Jabeen, N./Raza, F. et al.: Structural variations in human ACE2 may influence its binding with SARS-CoV-2 spike protein, in: J Med Virol., 6.4.2020 (ahead of print).
Huster, Stefan: Eigenverantwortung im Gesundheitsrecht, in: Ethik in der Medizin 22 (2010), 289 ff.
Ingold, Albert: Das Recht der Oppositionen. Verfassungsbegriff – Verfassungsdogmatik – Verfassungstheorie, Tübingen 2015.
Ingold, Albert: Digitalisierung demokratischer Öffentlichkeiten, in: Der Staat 56 (2017). 491 ff.
Ingold, Albert: Oppositionsrechte stärken?, in: ZRP, 2016, 143 ff.
Jaeschke, Walter: Hegel-Handbuch. Leben – Werk – Schule, 2. Aufl., Stuttgart/Weimar 2010.
Jarass, Hans D./Pieroth, Bodo: Grundgesetz, 15. Aufl., München 2018.
Jellinghaus, Lorenz: Zwischen Daseinsvorsorge und Infrastruktur. Zum Funktionswandel von Verwaltungswissenschaften und Verwaltungsrecht in der zweiten Hälfte des 19. Jahrhunderts, Frankfurt 2006.
Jin, Z./Du, X./Xu, Y. et a.: Structure of Mpro from COVID-19 virus and discovery of its inhibitors, in: Nature 582 (2020), 289 ff.
Kaube, Jürgen: Die Vorsorgemaschine, in: FAZ, 14.9.2002, 34.
Kersten, Jens: Ausnahmezustand?, in: JuS 2016, 193 ff.
Kersten, Jens: Covid-19 – Kein Ausnahmezustand, in: ZRP 2020, 65.
Kersten, Jens: Realitätsverschiebungen. Politische und verfassungsrechtliche Dimensionen von Augmented und Virtual Reality, in: Stefan Rieger/Armin Schäfer/Anna Tuschling (Hrsg.), Virtuelle Lebenswelten, in Vorbereitung.
Kersten, Jens: Schwarmdemokratie. Der digitale Wandel des liberalen Verfassungsstaats, Tübingen 2017.
Kingreen, Thorsten: Whatever it Takes? Vom Schutz der Gesundheit, in: VerfBlog, 20.3.2020.
Kissler S. M./Tedijanto, C./Goldstein, E. et al.: Projecting the transmission dynamics of SARS-CoV-2 through the postpandemic period, in: Science 368 (2020), 860 ff.
Klafki, Anika: Corona-Pandemie: Ausgangssperre bald auch in Deutschland?, 18.3.2020 (www.juwiss.de/27-2020/).
Klafki, Anika: Der Immunitätsausweis und der Weg zurück in ein freiheitliches Leben, in: VerfBlog, 4.5.2020.

Klafki, Anika: Neue Rechtsgrundlagen im Kampf gegen Covid-19: Der Gesetzesentwurf zum Schutz der Bevölkerung bei einer epidemischen Lage von nationaler Tragweite, in: VerfBlog, 25.3.2020.

Klafki, Anika: Risiko und Recht. Risiken und Katastrophen im Spannungsfeld von Effektivität, demokratischer Legitimation und rechtsstaatlichen Grundsätzen am Beispiel von Pandemien, Tübingen 2017.

Kloepfer Michael/Ehlert, Eike/Folgmann, Antonia/Korn, Juhani M.V./ Weigelt, Thomas: Legislativer Änderungsbedarf in der Ernährungsnotfallvorsorge. Gutachten, Berlin, 31.3.2014 (https://service.ble.de).

Kocka, Jürgen: Geschichte – wozu?, in: Wolfgang Hardtwig (Hrsg.), Über das Studium der Geschichte, München 1990, 427 ff.

Krüper, Julian: Nix wissen macht nix: unsere fiebrige Lust am Pandamic Turn, in: VerfBlog, 2.4.2020.

Kuhn, Johanns/Lindner, Nadine/Remme, Klaus/Schmidt-Matern, Barbara: Opposition in der Corona-Krise? Deutschlandfunk. Politikpodcast, Folge 143, 8.4.2020 (www.deutschlandfunk.de/folge-143-opposition-in-der-corona-krise.3397.de.html?dram:article_id=474327).

Kuratorium Singer der Schweizerischen Akademie der Geistes- und Sozialwissenschaften (Hrsg.): Thesaurus Proverbiorum Medii Aevi. Lexikon der Sprichwörter des romanisch-germanischen Mittelalters, 2. Bd., Berlin 1996.

Lambrecht, Christine: Für jede Maßnahme geradestehen, in: FAZ, 11.4.2020, 10.

Laschet, Armin: Jetzt müssen wir für die Zeit nach Corona planen, in: WamS, 29.3.2020 (www.welt.de/debatte/kommentare/article206868669/Exit-Stratgegie-Jetzt-muessen-wir-fuer-die-Zeit-nach-Corona-planen.html).

Lepsius, Oliver: Vom Niedergang grundrechtlicher Denkkategorien in der Corona-Pandemie, in: VerfBlog, 6.4.2020.

Lepsius, Oliver: Warum lauert die Polizei Spaziergängern auf?, in: FAZ, 25.4.2020, 13.

Li, Q./Guan, X./Wu, P. et al.: Early Transmission Dynamics in Wuhan, China, of Novel Coronavirus-Infected Pneumonia., in; N Engl J Med 382 (2020), 1199 ff.

Li, X./Xu, S./Yu, M. et al.: Risk factors for severity and mortality in adult COVID-19 inpatients in Wuhan, in: J Allergy Clin Immunol., 12.4.2020 (ahead of print).

Lindner, Josef Franz: Wahlen in Zeiten von Corona 15. März 2020 – Kommunalwahlen in Bayern im Zeichen der Corona-Krise, in: VerfBlog, 25.3.2020.

Lindner, Josef Franz: Wahlen in Zeiten von Corona Teil 2. 29. März 2020 – Stichwahlen in Bayern im Zeichen der Corona-Krise, in: VerfBlog, 25.3.2020.

Lohse, Eckart: Am Wendepunkt, in: FAZ, 24.4.2020, 2.

Literaturverzeichnis

Lucke, Albrecht von: Thüringen als Menetekel: Wie man aus Rechtsradikalen Bürgerliche macht, in: Blätter für deutsche und internationale Politik 12/2019, 5 ff.

Lübbe-Wolff, Gertrude: Geschlossene Gesellschaft, in: FAZ, 24.3.2020, 11.

Luhmann, Niklas: Funktionen und Folgen formaler Organisation, 4. Aufl., Berlin 1995.

Marquard, Odo: Mut zur Bürgerlichkeit. Vernünftig ist, wer den Ausnahmezustand vermeidet, in: ders. (Hrsg.), Individuum und Gewaltenteilung, Stuttgart 2004, 91 ff.

Marquard, Odo: Philosophie des Stattdessen. Einige Aspekte der Kompensationstheorie, in: ders., Zukunft braucht Herkunft. Philosophische Essays, Stuttgart 2003, 261 ff.

Marquard, Odo: Skepsis als Philosophie der Endlichkeit, in: ders., Zukunft braucht Herkunft. Philosophische Essays, Stuttgart 2003, 281 ff.

Martini, Stefan/Plöse, Michael: Politische Bewegungsfreiheit an der frischen Luft – Teil I, 31.3.2020 (www.juwiss.de/42-2020/).

Maunz, Theodor/Dürig, Günter: Grundgesetz, 89. Aufl., München 2020.

Maurer, Hartmut/Waldhoff, Christian: Allgemeines Verwaltungsrecht, 19. Aufl., München 2017.

Meinel, Florian/Möllers, Christoph: Das Recht des Ausnahmezustands ohne Krieg, in: FAZ, 20.3.2020, 9.

Merkel, Angela: Fernsehansprache, 18.3.2020 (www.bundesregierung.de/resource/blob/975232/1732182/d4af29ba76f62f61f-1320c32d39a7383/fernsehansprache-von-bundeskanzlerin-angela-merkel-data.pdf?download=1).

Mers, Jutta: Infektionsschutz im liberalen Rechtsstaat, Baden-Baden 2019.

Michl, Fabian: Immunität als Status, in: VerfBlog, 11.5.2020.

Michl, Walther: Die Kohärenz als Begleitmusik zum infektionsschutzrechtlichen Tanz, in: VerfBlog, 28.4.2020.

Michl, Walther: Die verfassungsrechtlichen Gefahren des social distancing im Bayerischen Landtag, in: VerfBlog, 25.3.2020.

Möllers, Christoph: Parlamentarische Selbstentmächtigung im Zeichen des Virus, in: VerfBlog, 26.3.2020.

Möllers, Christoph: Über den Schutz der Parlamente vor sich selbst in der Krise, in: VerfBlog, 20.3.2020.

Möllers, Christoph: Wir leben in einem quasi grundrechtsfreien Zustand (Interview), in: Der Tagesspiegel, 12.4.2020 (www.tagesspiegel.de/politik/verfassungsrechtler-christoph-moellers-zu-corona-wir-leben-in-einem-quasi-grundrechtsfreien-zustand/25734468.html).

Münkler, Laura: Expertokratie. Zwischen Herrschaft kraft Wissens und politischem Dezisionismus (Habilitationsschrift), München 2020.

Munaretto, Lino: Die Wiederentdeckung des Möglichkeitshorizonts, in: VerfBlog, 30.3.2020.

Nassehi, Armin: Ich wundere mich, mit welcher Sicherheit manche einen Epochenwechsel ausrufen (Interview), in: NZZ (Internationale Ausgabe), 29.4.2020, 5.

Petersen, Thomas: Gefahr für die Freiheit, in: FAZ, 24.4.2020, 8.

Pflug, Manuel: Pandemievorsorge. Informationelle und kognitive Regelungsstrukturen, Berlin 2013.

Plessner, Helmuth: Die Frage nach der Conditio humana. Aufsätze zur philosophischen Anthropologie, Frankfurt/M. 1976.

Reinhardt, Volker: So, wie es ist, war es noch nie, in: NZZ (Internationale Ausgabe), 19.3.2020, 19.

Reitter, Antonia: Rechtspaternalismus und Biomedizinrecht. Schutz gegen den eigenen Willen im Transplantationsgesetz, Arzneimittelgesetz und Embryonenschutzgesetz, Berlin 2020.

Rengeling, David: Vom geduldigen Ausharren zur allumfassenden Prävention. Grippe-Pandemien im Spiegel von Wissenschaft, Politik und Öffentlichkeit, Baden-Baden 2017.

Rhyn, Larissa: Corona-Session ohne Papier und Cüpli, in: NZZ (Internationale Ausgabe), 6.5.2020, 21.

Ritgen, Klaus: Rechtsetzung im Schatten der Corona-Pandemie – Das Gesetz zum Schutz der Bevölkerung bei einer epidemischen Lage von nationaler Tragweite, in: Der Landkreis 2020, 137 ff.

Rixen, Stephan: Befugnisse und Grenzen des staatlichen Infektionsschutzrechts, in: Michael Kloepfer (Hrsg.), Pandemien als Herausforderung für die Rechtsordnung, Baden-Baden 2011, 67 ff.

Rixen, Stephan: Die epidemische Lage von nationaler Tragweite – einfachrechtliche Regelungen und verfassungsrechtliche Problematik, in: Sebastian Kluckert (Hrsg.), Das neue Infektionsschutzrecht, Baden-Baden 2020, § 4.

Rixen, Stephan: Gestaltung des demographischen Wandels als Verwaltungsaufgabe, in: VVDStRL 74 (2015), 293 ff.

Rixen, Stephan: Gesundheit im Sozialstaat. Zukunftsfragen des Gesundheitswesens (Kirche und Gesellschaft Nr. 457), Köln 2019.

Rixen, Stephan: Gesundheitsschutz in der Coronvirus-Krise – Die (Neu-)Regelungen des Infektionsschutzgesetzes, in: NJW 2020, 1097 ff.

Rixen, Stephan: Gewerberecht der Sexualität: Das Prostituiertenschutzgesetz, in: WiVerw 2018, 127 ff.

Rixen, Stephan: Grenzenloser Infektionsschutz in der Corona-Krise? Konturen eines grundrechtssensiblen Pandemie-Krisenrechts, in: RuP 2/2020.

Rixen, Stephan: In guter Verfassung? Das Vertragsarztrechtsänderungsgesetz (VÄndG) auf dem Prüfstand der Gesetzgebungskompetenzen des Grundgesetzes, in: VSSR 2007, 213 ff.

Rixen, Stephan: Ist das Gute-Kita-Gesetz verfassungswidrig? Die finanzielle Förderung der Kindertagesbetreuung durch den Bund als Verfassungsproblem, in: NVwZ 2019, 432 ff.

Rixen, Stephan: Rationierungen im Leistungsrecht in: Mattias G. Fischer/Stephan Meyer (Hrsg.), Gesundheit und Wirtschaftswachstum – Recht, Ökonomie und Ethik als Innovationsmotoren für die Medizin, Berlin/Heidelberg 2010, 51 ff.

Rixen, Stephan: Sozialrecht als öffentliches Wirtschaftsrecht – am Beispiel des Leistungserbringerrechts der gesetzlichen Krankenversicherung, Tübingen 2005.

Rixen, Stephan: Verfassungsfragen der Masernimpfpflicht: Ist die Impfpflicht nach dem geplanten Masernschutzgesetz verfassungswidrig?, Rechtsgutachten, 11.10.2019 (https://individuelle-impfentscheidung.de).

Rixen, Stephan: Würde des Menschen als Fundament der Grundrechte, in: F. Sebastian M. Heselhaus/Carsten Nowak (Hrsg.), Handbuch der Europäischen Grundrechte, 2. Aufl., München 2020, S. 337 ff.

Robert Koch-Institut: Empfehlungen des RKI zu Hygienemaßnahmen im Rahmen der Behandlung und Pflege von Patienten mit einer Infektion durch SARS-CoV-2, Stand 24.4.2020 (www.rki.de/DE/Content/InfAZ/N/Neuartiges_Coronavirus/Hygiene.html).

Roßmann, Robert/Mascolo, Georg: Ein Rettungspaket für den Bundestag, in: SZ, 3.4.2020 (www.sueddeutsche.de/politik/corona-bundestag-schaeuble-1.4867460).

Ruschemeier, Hannah/Peters, Sascha David: Allein im öffentlichen Raum, in: VerfBlog, 22.3.2020.

Sachs, Michael (Hrsg.): Grundgesetz, 8. Aufl., München 2018.

Sattar, Majid: Trump gibt merkwürdige medizinische Ratschläge, in: FAZ, 25.4.2020, 6.

Sauer, Heiko: Expert*innen in der Krise, in: VerfBlog, 9.4.2020.

Scheller, Jörg: Lob auf die Apokalypse. Corona ist nicht das Ende der Welt, sondern bloss eine Herausforderung, in: NZZ (Internationale Ausgabe), 8.4.2020, 17.

Schellnhuber, John: Die Seuche im Anthropozän, in: FAZ, 16.4.2020, 9.

Scherle, Peter: Von Gott reden in der Krise, in: FAZ, 8.4.2020, 13.

Schmidt-Bleibtreu, Bruno/Hofmann, Hans/Henneke, Hans-Günter (Hrsg.): Grundgesetz, 14. Aufl., Köln 2018.

Schmitt, Carl: Die Diktatur des Reichspräsidenten, in: VVDStRL 1 (1924), 63 ff.

Schmitt, Carl: Politische Theologie. Vier Kapitel zur Lehre von der Souveränität, 6. Aufl., Berlin 1993.

Schoch, Friedrich: Polizei- und Ordnungsrecht, in: ders. (Hrsg.), Besonderes Verwaltungsrecht, München 2018, 1. Kapitel.

Schönberger, Christoph/Schönberger, Sophie: Regiert bald ein Notausschuss?, in: FAZ, 26.3.2020, 9.

Schönberger, Sophie: Die Stunde der Politik, in: VerfBlog, 29.3.2020.

Schöne-Seifert, Bettina: Wen soll man leben lassen?, in: FAZ, 31.3.2020, 11.

Schöne-Seifert, Bettina/Van Aken, Hugo: Worauf es jetzt ankommt, in: FAZ, 14.4.2020, 11.

Schuler, Ulrich/Heller, Axel/Schubert, Barbara: Rückhalt für Ärzte, in: FAZ, 15.4.2020, N 2.

Schwarzkopf, Hubertus von/Schoeller, Annegret E.: Präventions- und Infektionsschutz: Zwischen Persönlichkeitsrecht und Patientenschutz, in: DÄBl 2016, A 1855 ff.

Schweizerische Akademie der Medizinischen Wissenschaften: Covid-19-Pandemie: Triage von intensivmedizinischen Behandlungen bei Ressourcenknappheit, 2. Version, 24.3.2020 (www.samw.ch).

Schwenn, Kerstin: Die Wirtschaft verliert die Geduld, in: FAZ, 4.5.2020, 15.

Séville, Astrid: Der Sound der Macht. Eine Kritik der dissonanten Herrschaft, München 2018.

Siegel, Thorsten: Verwaltungsrecht im Krisenmodus, in: NVwZ 2020, 577 ff.

Sloterdijk, Peter: Für Übertreibungen ist kein Platz mehr (Interview), in: Die Zeit, 8.4.2020, 47.

Soboczynski, Adam: Made in China, in: Die Zeit, 2.4.2020, 45.

Soldt, Rüdiger: Südwest-Grüne fordern Palmer zum Austritt auf, in: FAZ, 9.5.2020, S. 1.

Spiegel, Ulrich: Die Allokation von Rettungsmitteln. Eine Frage der Verteilungsgerechtigkeit, Baden-Baden 2019.

Spinney, Laura: 1918 – Die Welt im Fieber. Wie die Spanische Grippe die Gesellschaft veränderte, 5. Aufl., München 2020.

Stein, Lorenz von: Die Verwaltungslehre, Dritter Theil, Die Innere Verwaltung. Erstes Hauptgebiet, Zweiter Theil: Das öffentliche Gesundheitswesen in Deutschland, England, Frankreich und andern Ländern, Stuttgart 1867.

Stein, Lorenz von: Verwaltungslehre und Verwaltungsrecht, Frankfurt 1958.

Stein, Tine: Himmlische Quellen und irdisches Recht. Religiöse Voraussetzungen des freiheitlichen Verfassungsstaates, Frankfurt/New York 2007.

Stelkens, Paul/Bonk, Heinz Joachim/Sachs, Michael: VwVfG, 9. Aufl., München 2018.

Strasser, Peter: Begriffszündeln im Seuchenfall: „Senizid", in: NZZ (Internationale Ausgabe), 8.4.2020, 14.

Sungnak, W./Huang, N./Bécavon, C. et al.: SARS-CoV-2 entry factors are highly expressed in nasal epithelial cells together with innate immune genes, in: Nature Medicine 26 (2020), 681 ff.

Taupitz, Jochen: Verteilung medizinischer Ressourcen in der Corona-Krise: Wer darf überleben?, in: MedR 2020, 440 ff.

Tay, M. Z./Poh, C. M./Rénia, L./MacAry, P./Ng, L. F.P.: The trinity of COVID-19: immunity, inflammation and intervention, in: Nat Rev Immunol. 20 (2020), 363 ff.

Taylor, Charles: Hegel, Frankfurt/M., 1983.

Thielbörger, Pierre/Behlert, Benedikt: COVID-19 und das Grundgesetz, in: VerfBlog, 19.3.2020.

Thielbörger, Pierre/Behlert, Benedikt: COVID-19 und das Grundgesetz: Neue Gedanken vor dem Hintergrund neuer Gesetze, in: VerfBlog, 30.3.2020.

Thießen, Malte (Hrsg.): Infiziertes Europa. Seuchen im langen 20. Jahrhundert, München 2014.

Truscheit, Karin: Die Sache mit der Parkbank, in: FAS, 12.4.2020, 12.

Trute, Hans-Heinrich: Pandemien als potentiell globale Katastrophe, in: GSZ 2018, 125 ff.

Vasold, Manfred: Grippe, Pest und Cholera. Eine Geschichte der Seuchen in Europa, Neuauflage der 2. Aufl. 2010, Stuttgart 2015.

Verdoni, L./Mazza, A./Gervasoni, A. et al.: An outbreak of severe Kawasaki-like disease at the Italian epicentre of the SARS-CoV-2 epidemic: an observational cohort study, in: Lancet 395 (2020), 1771 ff.

Vogel, Berthold: Die Staatsbedürftigkeit der Gesellschaft, Hamburg 2007.

Volkmann, Uwe: Das höchste Gut, in: FAZ, 1.4.2020, 12.

Volkmann, Uwe: Der alltägliche Ausnahmezustand oder: Not kennt viele Gebote, in: Merkur 708 (2008), 369 ff.

Volkmann, Uwe: Der Ausnahmezustand, in: VerfBlog, 20.3.2020.

Volkmann, Uwe: Der Herde folgen, in: FAZ, 6.5.2020, 9.

Weber, Max: Wirtschaft und Gesellschaft. Soziologie, Max Weber Gesamtausgabe (MWG), Bd. I/23, Tübingen 2013.

Wehner, Markus/Soldt, Rüdiger: Tausende gegen die vermeintliche Corona Lüge, in: FAZ 11.5.2020, S. 2.

Wieler, Lothar: Eher kontraproduktiv: Impfpflicht würde Masernproblem nicht lösen, in: Ärzte-Zeitung, 25.9.2017 (www.aerztezeitung.de/Medizin/Impfpflicht-wuerde-Masernproblem-nicht-loesen-299573.html).

Wieler, Lothar: RKI-Chef lehnt Impfpflicht gegen Coronavirus ab, in: SZ, 16.5.2020 (https://www.sueddeutsche.de/gesundheit/gesundheit-schwerin-rki-chef-lehnt-impfpflicht-gegen-coronavirus-ab-dpa.urn-newsml-dpa-com-20090101-200516-99-82355).

Wißmann, Hinnerk: Alle Macht dem Virus?, in: FAZ, 20.3.2020, 9.

Wißmann, Hinnerk: Eine Zeit der Unterschiede, in: FAZ, 6.4.2020, 11.

Wittreck, Fabian: Die Verwaltung der Dritten Gewalt, Tübingen 2006.
Wölfel R./Corman V.M./Guggemos W. et al. Virological assessment of hospitalized patients with COVID-2019, in: Nature 581 (2020), 465 ff.
Wrapp, D./Wang, N./Corbett, K. S. et al.: Cryo-EM structure of the 2019-nCoV spike in the prefusion conformation, in: Science 367 (2020), 1260 ff.
Zhang, L./Lin, D./Sun, X. et al.: Crystal structure of SARS-CoV-2 main protease provides a basis for design of improved α-ketoamide inhibitors, in: Science 368 (2020), 409 ff.
Zhou, P./Yang, X.L./Wang, X. G. et al.: A pneumonia outbreak associated with a new coronavirus of probable bat origin, in: Nature 579 (2020), 270 ff.

Zu den Autoren

Jens Kersten ist Inhaber des Lehrstuhls für Öffentliches Recht und Verwaltungswissenschaften an der Ludwig-Maximilians-Universität in München.

Stephan Rixen ist Inhaber des Lehrstuhls für Öffentliches Recht, Sozialwirtschafts- und Gesundheitsrecht an der Universität Bayreuth.